Die Kunst der Gesetzgebung

Schriften zur Gesundheitspolitik und zum Gesundheitsrecht

Schriftenreihe des Instituts für Europäische Gesundheitspolitik und Sozialrecht an der Johann Wolfgang Goethe-Universität Frankfurt

Herausgegeben von Ingwer Ebsen, Thomas Gerlinger und Astrid Wallrabenstein

Band 28

Andrea Kießling / Indra Spiecker genannt Döhmann (Hrsg.)

Die Kunst der Gesetzgebung

PETER LANG

Lausanne · Berlin · Bruxelles · Chennai · New York · Oxford

Bibliografische Information der Deutschen Nationalbibliothek
Die Deutsche Nationalbibliothek verzeichnet diese Publikation
in der Deutschen Nationalbibliografie; detaillierte bibliografische
Daten sind im Internet über http://dnb.d-nb.de abrufbar.

ISSN 2193-0465
ISBN 978-3-631-89703-4 (Print)
E-ISBN 978-3-631-90890-7 (E-PDF)
E-ISBN 978-3-631-90891-4 (EPUB)
DOI 10.3726/b21196

© 2023 Peter Lang Group AG, Lausanne

Verlegt durch:
Peter Lang GmbH, Berlin, Deutschland

info@peterlang.com http://www.peterlang.com/

Vorwort

Der Ablauf und die Ausgestaltung förmlicher Gesetzgebungsverfahren unterliegen verschiedenen verfassungsrechtlichen und einfach-rechtlichen Vorgaben. Die den Vorgaben zugrundeliegende Idealvorstellung wird jedoch nicht immer erreicht; in den letzten Jahren hat insbesondere die Corona-Pandemie gezeigt, dass Gesetzgebungsverfahren z. B. oft sehr überhastet durchgeführt werden: Verbänden wurde nur wenige Stunden für die Abgabe einer Stellungnahme eingeräumt, und auch die Fristen im Zusammenhang mit den Anhörungen von Sachverständigen im Gesundheitsausschuss waren sehr knapp bemessen. So konnten weder die von den Änderungen Betroffenen (wie die Hausärzte und Krankenkassen) ihre Interessen frühzeitig einbringen noch konnte die externe Expertise wirklich berücksichtigt werden. Dieses Phänomen ist nicht neu und auch nicht auf das Gesundheitsrecht begrenzt, dort lassen sich aber besonders viele Anwendungsbeispiele – auch abseits der Corona-Pandemie – finden.

Vor diesem Hintergrund fand am 9. September 2022 an der Goethe-Universität Frankfurt am Main die wissenschaftliche Jahrestagung des Instituts für Europäische Gesundheitspolitik und Sozialrecht (ineges) zum Thema „Die Kunst der Gesetzgebung" statt, die das Thema sowohl breit und grundlegend als auch mit besonderem Fokus auf das Gesundheitsrecht diskutierte. Was sind die Modalitäten der Gesetzgebung und werden diese wirklich eingehalten? Inwiefern sind welche Verfahrenselemente bzw. die Einbeziehung Dritter verfassungsrechtlich vorgeschrieben? Wie sind konkrete Ausgestaltungen wie Omnibus-Verfahren und Sunset-Legislation einzuordnen? Welche Funktionen erfüllen verschiedene Verfahrensschritte wie z. B. die Anhörungen? Was ist davon zu halten, außerparlamentarische Kommissionen in das Gesetzgebungsverfahren einzubinden, wie es im Gesundheitsrecht immer wieder geschieht? Der vorliegende Sammelband bündelt die dazu gehaltenen fünf Vorträge der Tagung:

Karsten Schneider, Inhaber des Lehrstuhls für Öffentliches Recht, Internationales Recht und Rechtstheorie an der Johannes Gutenberg-Universität Mainz, setzt sich mit der Eilgesetzgebung und seiner demokratischen Ausgestaltung auseinander und diskutiert, ob die Problematik der Eilgesetzgebung insbesondere mit dilatorischen Rechten verfassungsrechtskonform und wirklichkeitsgerecht zu lösen ist.

Hieran anknüpfend erfolgt eine Einordnung und Bewertung rationaler Gesetzgebung – eingebettet im Kontext der demokratischen Grundordnung – durch *Armin Steinbach*, Inhaber der Jean Monnet Professur für Law and Economics, European Law and International Law an der HEC Paris, und eine kritische Würdigung der Frage, inwiefern das Grundgesetz eine solche rationale Gesetzgebung überhaupt auferlegt.

Hans Hofmann, Ministerialdirektor a. D. und Honorarprofessor der Juristischen Fakultät der Humboldt-Universität zu Berlin, widmet sich im Anschluss in seinem Beitrag dem zu beobachtenden stetig wachsenden Trend zur Anreicherung der vorparlamentarischen wie auch parlamentarischen Phase des Gesetzgebungsprozesses durch externes Wissen und Kommissionen, insbesondere im Gesundheitsrecht, und erörtert vor diesem Hintergrund die Frage, ob hierdurch perspektivisch eine Entparlamentarisierung politischer Entscheidungen zu prognostizieren ist.

Matthias Rossi, Inhaber des Lehrstuhls für Staats- und Verwaltungsrecht, Europarecht sowie Gesetzgebungslehre an der Universität Augsburg, geht sodann auf die Korrelation zwischen Wissenschaft und Politik ein und setzt sich anhand dessen mit den Modalitäten der Einbeziehung externer Expertise als Voraussetzung guter Gesetzgebung auseinander.

Schließlich lenkt *Johannes Gallon,* wissenschaftlicher Mitarbeiter und Doktorand an der Professur für Europarecht an der Europa-Universität Flensburg, den Blick auf die Krisengesetzgebung während der Corona-Pandemie, beleuchtet in diesem Zuge das Gesetzgebungsverfahren unter dem Aspekt der Beschleunigung, des Vorhandenseins informeller Verfahren sowie der Rolle der Gesetzgebungsorgane und würdigt anschließend umfassend die hieraus gewonnenen Erkenntnisse und setzt sie in einen verfassungsrechtlichen Kontext.

Insgesamt bringt der Sammelband damit die grundlegenden Fragestellungen, was gute Gesetzgebung ausmacht, zusammen; die Beiträge zeigen jeweils, dass hier noch erheblicher Forschungs- und Klärungsbedarf besteht.

Weder Tagung noch Sammelband hätten ohne die tatkräftige Unterstützung der Mitarbeiterinnen und Mitarbeiter des ineges verwirklicht werden können: Unser besonderer Dank gilt Lamia Amhaouach-Lares, Noel Berhane, Amelie Folttmann, Dr. Friederike Gebhard, Berna Orak und Aylin Ünal, die sich mit besonderem Einsatz zu all den unterschiedlichen Zeitpunkten dem Gelingen der Tagung und der Redigatur der Beiträge widmeten.

Bedanken möchten wir uns außerdem sehr herzlich bei unseren Förderern (AOK-Bundesverband, BKK Dachverband e.V., IKK e.V., Knappschaft, Sozialversicherung für Landwirtschaft, Forsten und Gartenbau, Verband der Ersatzkassen e.V.), ohne die es das ineges nicht gäbe und die mit vielfältigem Einsatz auch zum Gelingen dieser Tagung und dieses Sammelbands beigetragen haben.

Frankfurt am Main im Juni 2023
Andrea Kießling & Indra Spiecker gen. Döhmann

Inhalt

Vorwort 5

Karsten Schneider
Eilgesetzgebung und dilatorische Rechte 9

Armin Steinbach
Der Gesetzgeber im Spannungsfeld zwischen Wissen und Wollen 35

Hans Hofmann
Entparlamentarisierung politischer Entscheidungen? Die Rolle von
Kommissionen bei der Vorbereitung von Gesetzen im Gesundheitsrecht 65

Matthias Rossi
Die Einbeziehung externer Expertise als Voraussetzung guter
Gesetzgebung? 95

Johannes Gallon
Gesetzgebung in der Krise: Politik zwischen Beschleunigung,
informellem und formalisiertem Verfahren 113

Karsten Schneider[1]

Eilgesetzgebung und dilatorische Rechte

A. Einleitung

„Mal gehen Gesetzesvorhaben der Regierung der Opposition zu langsam, mal gehen sie weitaus zu schnell. Dann sagt man im Regelfall: Das wird hier alles durchgepeitscht. Das kennt jeder. Heute ist der Tag, wo es mal wieder zu schnell geht. Also wundern Sie sich gleich nicht, wenn die anschließenden Redner von ,überfallartigen Aktionen' sprechen, von ,Durchpeitschen' und allem, was damit zusammenhängt. […] Das, was wir heute machen, läuft alles nach den Regeln unserer Geschäftsordnung und ist völlig unspektakulär, vor allen Dingen rechtlich einwandfrei – vielleicht zu schnell, vielleicht zu langsam; ich warte einmal ab. Nur: Die Geschäftsordnung sieht es genauso vor.

Jetzt freuen Sie sich darauf, wie die Opposition trotz dieser rechtlich völlig einwandfreien Vorgehensweise versuchen wird, einen kleinen Skandal herbeizureden. Viel Spaß dabei. Vielen Dank fürs Zuhören."[2]

Mit diesen Worten – aus Anlass der Änderung der Parteienfinanzierung im Parteiengesetz[3] – brachte ein Erster Parlamentarischer Geschäftsführer einer regierungstragenden Fraktion im Deutschen Bundestag am 8. Juni 2018 seine Sichtweise auf die alte Thematik der Eilgesetzgebung auf den Punkt. Oder besser gesagt: seine Sichtweise auf eine echte oder vermeintliche Nicht-Thematik.

Sämtliche Rechtsfragen der „Eilgesetzgebung" müssen sich also die gravierende Vorfrage gefallen lassen, ob und inwieweit es sich überhaupt um

---

1   Der Verfasser hat als Verfahrensbevollmächtigter den Deutschen Bundestag in dem im Beitrag genannten Organstreitverfahren 2 BvE 5/18 („Ablauf des Gesetzgebungsverfahrens bei Anhebung der absoluten Obergrenze der Parteienfinanzierung") vertreten.

2   *Michael Grosse-Brömer*, Plenarprotokoll 19/37, S. 3557 f., zu Beginn der Geschäftsordnungsdebatte zu zwei fristgerechten Anträgen der Fraktionen der CDU/CSU und SPD, die Tagesordnung um die Beratung von zwei Gesetzentwürfen zu erweitern, und zwar um die erste Beratung des Gesetzentwurfs zur Änderung des Parteiengesetzes und anderer Gesetze (BT-Drucks. 19/2509), die im Anschluss mit einer Debattenzeit von 38 Minuten aufgerufen werden sollte, sowie um die zweite und dritte Beratung des Gesetzentwurfs des Bundesrats zur Änderung des Erneuerbare-Energien-Gesetzes (BT-Drucks. 19/1320 und 19/2581), die mit einer Debattenzeit von 18 Minuten aufgerufen werden sollte.

3   Vgl. Gesetz zur Änderung des Parteiengesetzes und anderer Gesetze vom 10. Juli 2018 (BGBl. I S. 1116).

Rechtsfragen handelt. Liegt etwa die Einordnung eines Gesetzgebungsverfahrens als „überfallartige Aktion" lediglich im trügerischen Auge seiner Betrachter? Und ist ein subjektiv aufrichtig empfundenes „Durchpeitschen" von Gesetzen womöglich nur ein politisches Gefühl?

Noch nie hat das Bundesverfassungsgericht einzelne Gesetzgebungsverfahren für grundgesetzwidrig erachtet, weil diese zu zügig oder zu zögerlich betrieben worden wären. Beide Rügen, also „Überschreitung der Höchstgeschwindigkeit" und „Unterschreitung der Mindestgeschwindigkeit"[4] sind zwar vielfach vorgetragen worden, aber forensisch bislang immer erfolglos geblieben.[5]

In jüngster Zeit deuten sich hier allerdings tektonische Verschiebungen an: Der Zweite Senat hat das Gesetzgebungsverfahren zur Änderung des Parteiengesetzes, das der eingangs erwähnte Erste Parlamentarische Geschäftsführer aus der Teilnehmerperspektive noch so beschwichtigend kommentiert hatte, Mitte Oktober 2021 zum Anlass einer mündlichen Verhandlung genommen.[6]

---

4   Ein Antrag der Fraktion DIE LINKE (BT-Drucks. 20/1735) zur Änderung der Geschäftsordnung des Deutschen Bundestages mit dem Ziel, „im Einzelfall die unsachgemäße Nichtbehandlung und ‚Verschleppung' von Vorlagen im Ausschuss durch die jeweilige Parlamentsmehrheit zu verhindern und das Gesetzesinitiativrecht aus der Mitte des Bundestages zu stärken" (a.a.O., S. 2) fand am 15. Dezember 2022 keine Mehrheit im Plenum. Ein weiterer Antrag derselben Fraktion zielte auf eine Regelung der Fristen für die Durchführung öffentlicher Anhörungen „spätestens innerhalb von zehn Sitzungswochen" (vgl. BT-Drucks. 20/1728, S. 1 f.: „Die Mehrheit im Ausschuss kann derzeit durch Hinauszögern der Terminierung die Durchführung der öffentlichen Anhörung gegen den Minderheitswillen ungebührlich verzögern. Dieser Zustand ist unbefriedigend.") und blieb ebenfalls ohne parlamentarische Mehrheit.

5   Vgl. zur Frage einer „verzögerlichen Behandlung von Gesetzesvorlagen" BVerfGE 145, 348 – *Eheschließung für alle*; zum Recht des Gesetzesinitianten auf eine Entscheidung in angemessener Frist (Art. 76 Abs. 3 Satz 6 GG) BVerfGE 1, 144 (153 f.); 145, 348 (359 f. Rn. 35); zur beschleunigten Durchführung von Gesetzesverfahren vgl. insbesondere BVerfGE 29, 221 (233 f.); 30, 250 (261 f.); 127, 1 (15 f.); zustimmend etwa *Brosius-Gersdorf*, in: Dreier, GG, Bd. 2, 3. Aufl. 2015, Art. 77 Rn. 25, 62; *Mann*, in: Festschrift für Paul Kirchhof, Bd. 1, 2013, S. 361 (368); in dem Gesetzgebungsverfahren, das in die Entscheidung BVerfGE 129, 124 – *Griechenlandrettung* einmündete, hat ein Mitglied des Deutschen Bundestages vor dem Bundesverfassungsgericht erfolglos den Vorwurf erhoben, die Bundesregierung habe das Parlament zur Verabschiedung des Gesetzes „genötigt", indem sie eine „Zwangslage erst durch verschiedene Unterlassungen herbeigeführt" habe, vgl. BVerfGE 129, 124 (148).

6   Gemeinsame mündliche Verhandlung der Verfahren 2 BvF 2/18 und 2 BvE 5/18 am 12. und 13. Oktober 2021, die coronabedingt in die Karlsruher Messehalle verlegt worden war.

Zwei Urteile stehen aus.[7] Bereits jetzt ist jedoch absehbar, dass jedenfalls Teile der Richterbank durchaus Rechtsfragen erkennen und sehr ernsthaft darum ringen, praktikable verfassungsrechtliche Maßstäbe zu entwickeln. So hatten die Richterinnen und Richter für die zweitägige mündliche Verhandlung im Verfahren 2 BvE 5/18[8] sämtliche Ersten Parlamentarischen Geschäftsführerinnen und Geschäftsführer der Fraktionen sowie einen ehemaligen Direktor beim Deutschen Bundestages als sachkundige Auskunftspersonen zum Ablauf des Gesetzgebungsverfahrens geladen.[9]

Wird also das bislang politisch gefühlte „Durchpeitschen" von Gesetzen zukünftig rechtlich stärker domestiziert?

Das Gesetzgebungsverfahren, das der Zweite Senat zum Anlass genommen hat, sich erstmals vertieft der Thematik zu widmen, vereint mehrere Einzelaspekte, die typologisch der Eilgesetzgebung zuzuordnen sind:

- (1.) *Faktor Zeit*: Das gesamte Gesetzgebungsverfahren behandelte der Deutsche Bundestag innerhalb von neun Werktagen (die zwischen Verteilung des Gesetzentwurfs an die Mitglieder des Deutschen Bundestages und Schlussabstimmung im Plenum lagen).[10]

---

7   Die beiden Termine zur Urteilsverkündung am 24. Januar 2023 wurden am 1. Dezember 2022 veröffentlicht.

8   Bemerkenswert erscheint der Umstand, dass sich die Ladung der sachkundigen Auskunftspersonen zum Ablauf des Gesetzgebungsverfahrens in der Terminsladung des Gerichts ausdrücklich nur auf das Verfahren 2 BvE 5/18 bezieht (vgl. Abschnitt A. II. der „Liste der zur mündlichen Verhandlung des Zweiten Senats des Bundesverfassungsgerichts [...] in den Verfahren – 2 BvE 5/18 – 2 BvF 2/18 – geladenen beziehungsweise benachrichtigten Beteiligten"; Abschnitt B. II. derselben Liste zählt für das Verfahren 2 BvF 2/18 explizit andere Auskunftspersonen auf [zur Veränderung der Umstände für die Arbeit der politischen Parteien]).

9   Vgl. allgemein zur Rolle von Auskunftspersonen in der mündlichen Verhandlung *Haberzettl*, in: Burkiczak/Dollinger/Schorkopf, BVerfGG, 2. Aufl. 2022, § 27a Rn. 8; teilweise abweichend von seiner Terminsladung im Verfahren 2 BvE 5/18 hörte der Zweite Senat dann jedoch die Mitglieder des Deutschen Bundestages *Florian Toncar* (statt *Marco Buschmann*), *Petra Pau* (statt *Jan Korte*) und *Manuela Rottmann* (statt *Britta Haßelmann*).

10   Unter dem 5. Juni 2018 kündigten die Parlamentarischen Geschäftsführer der Fraktionen von CDU/CSU und SPD die Einbringung des Gesetzentwurfs und dessen Aufsetzung auf die Tagesordnung des Plenums vom 8. Juni 2018 an (Plenarprotokoll 19/37, S. 3562 ff.). Am 15. Juni 2018 folgten die zweite und dritte Beratung des Gesetzentwurfs im Deutschen Bundestag (Plenarprotokoll 19/40, S. 3916 ff.).

- (2.) *Faktor Kurzfristigkeit*: Der Innenausschuss führte bereits am vierten Werktag nach Verteilung des Gesetzentwurfs eine Anhörung von sieben Sachverständigen durch.[11]
- (3.) *Faktor Terminierung*: Die kurzfristig angesetzte öffentliche Anhörung begann montags um 10 Uhr; aus Sicht einer Fraktion scheiterte daran die Möglichkeit der Teilnahme von Sachverständigen aus südwestdeutschen Universitätsstädten.
- (4.) *Faktor Flexibilisierung*: Sowohl die erste Lesung als auch die zweite und dritte Lesung erfolgten jeweils nach kurzfristigen Änderungen der Tagesordnungen des Deutschen Bundestages, die jeweils in Geschäftsordnungsdebatten mit Regierungsmehrheit gegen die Stimmen der Opposition beschlossen wurden.[12]
- (5.) *Faktor Vorratsbeschluss*: Der Innenausschuss fasste seinen Beschluss, eine öffentliche Anhörung mit acht Sachverständigen innerhalb von fünf Tagen durchzuführen, bereits bevor der Gesetzentwurf im Deutschen Bundestag in erster Lesung im Plenum beraten und federführend an den Ausschuss überwiesen worden war (Ausschussbeschluss vor Überweisung in den Ausschuss, sog. Vorratsbeschluss).[13]
- (6.) *Faktor Aktenvollständigkeit*: Der Innenausschuss legte am zweiten Werktag nach Anhörung der Sachverständigen seinen Bericht vor und empfahl, den Gesetzentwurf inhaltlich unverändert zu beschließen, obwohl zu diesem Zeitpunkt von den schriftlichen Stellungnahmen der Sachverständigenanhörung erst weniger als die Hälfte eingegangen waren und auch noch kein Protokoll der Anhörung existierte. Die übrigen schriftlichen Stellungnahmen und das Ausschussprotokoll fehlten auch noch im Zeitpunkt der Schlussabstimmung im Deutschen Bundestag.[14]
- (7.) *Faktor Einarbeitungstiefe*: Einzelne Mitglieder des Deutschen Bundestages hatten nach eigener Einschätzung nicht die Möglichkeit, sich hinreichend

---

11 Vgl. Wortprotokoll der 16. Sitzung des Ausschusses für Inneres und Heimat vom 11. Juni 2018, Protokoll-Nr. 19/16.
12 Vgl. Plenarprotokoll 19/37, S. 3557 ff.; Plenarprotokoll 19/40, S. 3911 ff.
13 Vgl. die Darstellung durch *Britta Haßelmann* in Plenarprotokoll 19/37, S. 3561.
14 Vgl. zur diesbezüglichen Kritik während der Geschäftsordnungsdebatte Plenarprotokoll 19/40, S. 3918 („Wenn ein Abgeordneter, der nicht im Innenausschuss sitzt, sich eine eigene Meinung bilden will, hat er heute Pech gehabt: nur drei Ausarbeitungen von sieben Sachverständigen und noch kein Protokoll der Anhörung.").

vorzubereiten, um während der öffentlichen Anhörung „die richtigen Fragen" zu stellen.[15]

- schließlich der (8.) *Faktor Aufmerksamkeitsökonomie*: Unmittelbar vor der Schlussabstimmung im Deutschen Bundestag wurde die Fußball-Weltmeisterschaft 2018 angepfiffen; nach Ansicht jedenfalls einer Fraktion war dadurch, dass in Russland der Ball rollte, die Öffentlichkeit noch weniger in der Lage, ihrer demokratischen Kontrollfunktion nachzukommen.[16]

Als allgemein problematische Faktoren der Eilgesetzgebung, die in der verhandelten Konstellation jedoch nicht auftraten, sind drei weitere Aspekte zu nennen:

- (9.) *Faktor Verbändebeteiligung*: Die in § 47 der Gemeinsamen Geschäftsordnung der Bundesministerien vorgesehene Unterrichtung von Ländern, kommunalen Spitzenverbänden, Fachkreisen und Verbänden, deren Belange berührt sind, sieht spezifische Anhörungen zu Entwürfen von Gesetzesvorlagen vor und liefert damit ebenfalls Fristprobleme. Ein Beispiel aus jüngster Zeit liefert die Verbändeanhörung zum CETA-Ratifizierungsgesetzentwurf, die als Frist lediglich einen Arbeitstag vorsah.[17]

- (10.) *Faktor kurzfristige Änderungsanträge*: Nicht nur in Konstellationen der Eilgesetzgebung, aber insbesondere hier, verschärfen kurzfristige Änderungsanträge die ohnehin bestehenden übrigen Spannungslagen. Beispiele hierfür sind umfangreiche Änderungsanträge der Mehrheit, die erst kurz vor der Abstimmung im Ausschuss aus dem FAX-Gerät fallen.[18]

- (11.) Ebenfalls nicht auf Konstellationen der Eilgesetzgebung beschränkt, dort jedoch besonders gefahrgeneigt, ist der *Faktor asymmetrische Information*

---

15 Vgl. zur diesbezüglichen Selbsteinschätzung durch *Thomas Seitz* während der Geschäftsordnungsdebatte Plenarprotokoll 19/40, S. 3912 („Die kurzfristig terminierte Anhörung der Sachverständigen hatte zur Folge, dass von sieben Sachverständigen nur drei eine schriftliche Ausarbeitung einreichen konnten, die aber so kurzfristig kam, dass die Mitglieder sie vor der Anhörung gar nicht zur Kenntnis nehmen konnten. Das war wohl auch gewollt; denn sonst hätten vielleicht auch die Kollegen von der Koalition [gemeint war wohl ‚Opposition'; K.S.] die richtigen Fragen gestellt.").

16 Vgl. zu dieser Anschuldigung während der Geschäftsordnungsdebatte Plenarprotokoll 19/40, S. 3912 („Die Koalition versucht vielmehr, die Öffentlichkeit zu überrumpeln, um im Windschatten der Fußballweltmeisterschaft ein verfassungswidriges Gesetz durchzubringen.").

17 Vgl. BT-Drucks. 20/3107, S. 2.

18 Darauf wies die Auskunftsperson *Manuela Rottmann* in der mündlichen Verhandlung ausdrücklich hin.

respektive *Vorsprung durch Vorabinformation*: Insbesondere dann, wenn Gesetzgebungsverfahren in sehr enge zeitliche Korsette gesperrt werden, können umfangreiche Vorabinformationen strategisch dazu beitragen, Mitwirkungsrechte wirksamer wahrzunehmen. So war in dem Verfassungsgerichtsverfahren zur Änderung der Parteienfinanzierung der – einer Verschwörungstheorie nicht unbedingt unähnliche – Vorwurf erhoben worden, dass ein einzelner Staatsrechtslehrer während des Gesetzgebungsverfahrens über informelle Vorabinformationen zu dem Gesetzentwurf verfügt hätte, die ihn dann in die Lage versetzt hätten, mit einer klandestin vorbereiteten schriftlichen Stellungnahme in der später kurzfristig anberaumten öffentlichen Anhörung aufzutreten und die übrigen, weniger gut vorbereiteten Sachverständigenkolleginnen und -kollegen heimtückisch in den intellektuellen Schatten zu stellen. Der Zweite Senat des Bundesverfassungsgerichts hat diesem Umstand immerhin so viel Beachtung geschenkt, dass er durch Befragung der Ersten Parlamentarischen Geschäftsführer in der mündlichen Verhandlung die genauen Zeitpunkte des „Erst"-Kontakts mit den Sachverständigen aufklärte.[19]

- (12.) Um das dreckige Dutzend der Eilgesetzgebung vollständig zu machen, ist schließlich das *sog. Omnibusverfahren* zu erwähnen: Damit ist gemeint, dass sich Änderungsanträge zu einem bestehenden Entwurf auf Änderungen oder Ergänzungen anderer Gesetze beziehen.[20] Der ursprüngliche Entwurf wird hierdurch zu einem „Omnibus", der weitere „Fahrgäste" im Gesetzgebungsverfahren transportiert – nämlich Änderungen und Ergänzungen sonstiger Gesetze. Straffungen und Beschleunigungen des Gesetzgebungsverfahrens ergeben sich insbesondere daraus, dass die Passagiere erst nach der ersten Lesung im Deutschen Bundestag an Bord gehen und damit die erste Beratung im Plenum überspringen.[21]

---

19 Ergebnis der Befragung war, dass die Mutmaßungen und Unterstellungen unzutreffend waren.
20 Vgl. zur informellen Terminologie, die keineswegs einheitlich verwendet wird, *Deutscher Bundestag – Wissenschaftliche Dienste*, Verfassungsrechtliche Vorgaben für das sogenannte Omnibusverfahren, WD 3-3000-149/2 (17. Juni 2020).
21 Änderungs- beziehungsweise Ergänzungsanträge sind im Ausschuss nur zulässig, wenn sie in unmittelbarem Sachzusammenhang zu der Vorlage stehen. Dieses zwingende Kriterium soll verhindern, dass über das formale Instrument des Änderungsantrages eigentlich selbstständige Gesetzentwürfe eingebracht werden, ohne dass das dafür erforderliche Verfahren und etwaige Mitwirkungsrechte beachtet werden; dazu ausführlich *Heynckes*, Das Ausschussverfahren nach der Geschäftsordnung des Deutschen

B. Empörungspotential und Verfahrenskontext

Alle zwölf genannten Faktoren, das dreckige Dutzend der Eilgesetzgebung, bieten jeweils für sich intrinsisches Empörungspotential. Treten sie gehäuft und in Kombinationen zusammen auf, schreibt sich – jedenfalls in den kritischen Augen der Öffentlichkeit – die Anklageschrift gegen den Gesetzgeber gleichsam von selbst, denn das Beschleunigungsnarrativ der Eilgesetzgebung liest sich als Fahrlässigkeitsvorwurf der oberflächlichen Sorglosigkeit.[22]

Warum arbeitet der Gesetzgeber nicht langsamer und dadurch gründlicher? Weshalb hört ein parlamentarischer Ausschuss überhaupt Sachverständige oder Verbände an, wenn er diesen dann keine Zeit für die sorgfältige Einarbeitung gewährt? Weshalb schließt man Sachverständige aus südwestdeutschen Hochschulstädten dadurch aus, dass öffentliche Anhörungen montags um 10 Uhr terminiert werden? Weshalb hält man nicht an bestehenden Tagesordnungen fest, sondern überstimmt die Opposition bei Abstimmungen über Geschäftsordnungsanträge? Weshalb gibt es Vorratsbeschlüsse, wenn doch schon der Begriff suggeriert, dass die Reihenfolge der Verfahrensschritte hier verstolpert wird? Weshalb werden Wortlautprotokolle der Ausschussarbeit erstellt und

---

Bundestages, ZParl 2008, S. 459 (465); die Geschäftsordnung des Deutschen Bundestag bestimmt in § 62 Abs. 1 Satz 2: „Als vorbereitende Beschlußorgane des Bundestages haben sie die Pflicht, dem Bundestag bestimmte Beschlüsse zu empfehlen, die sich nur auf die ihnen überwiesenen Vorlagen oder mit diesen in unmittelbarem Sachzusammenhang stehenden Fragen beziehen dürfen."; strengere Anforderungen enthielt § 49 Satz 2 der Geschäftsordnung des Reichtags von 1876 (Änderungsanträge müssen „mit der Hauptfrage in wesentlicher Verbindung stehen"), das Erfordernis der „wesentlichen Verbindung" wurde freilich schon in die Geschäftsordnung des Reichtags von 1922 nicht (mehr) übernommen.

22 Vgl. die Rhetorik der Komposition unbestimmter Rechtsbegriffe, die der Hauptantrag der Antragstellerin im Verfahren 2 BvE 5/18 enthält, festzustellen, „dass der Antragsgegner durch die *überraschend* angesetzte Durchführung eines *unüblich verkürzten* parlamentarischen Verfahrens zur Verabschiedung des Gesetzes zur Änderung des Parteiengesetzes und anderer Gesetze vom 10. Juli 2018 (BGBl I Seite 1116) an *nur neun Werktagen* zwischen Dienstag, dem 5. Juni 2018, und Freitag, dem 15. Juni 2018, sowie insbesondere durch die Durchführung einer öffentlichen Expertenanhörung im Rahmen dieses Gesetzgebungsverfahrens im Bundestagsausschuss für Inneres und Heimat am 11. Juni 2018, bei der zwischen Ansetzung der öffentlichen Anhörung am 6. Juni 2018 und ihrer Durchführung *lediglich drei Werktage* verstrichen, die verfassungsmäßigen Mitwirkungs- und Beteiligungsrechte der Antragstellerin in ihrer Eigenschaft als größte Oppositionsfraktion im Deutschen Bundestag verletzt hat." (Hervorhebungen nicht im Original, K.S.).

schriftliche Stellungnahmen zu den Akten genommen, nachdem das parlamentarische Verfahren ohne diese Dokumente bereits seinen Abschluss gefunden hat? Weshalb bekommen nicht sämtliche Mitglieder des Deutschen Bundestages die Zeiträume zu Verfügung gestellt, die sie individuell für erforderlich halten, um sich in der Bearbeitungstiefe, die sie individuell für angemessen erachten, in die jeweiligen Sachmaterien der Gesetzgebungsverfahren einzuarbeiten? Das gleiche gilt für die Öffentlichkeit: Weshalb lenkt man sie ab mit Fußballweltmeisterschaften? Das kann doch alles kein Zufall sein.

Die Struktur der Skandalisierung folgt unter systematischen Gesichtspunkten letztlich drei Teilmustern:

Teilmuster 1: Verstöße gegen das Gebot der Folgerichtigkeit. Oder, wie der Volksmund sagt: Wer A sagt, muss auch B sagen. In dieses Teilmuster fügen sich mehrere der genannten Faktoren, insbesondere die Kritikpunkte: Wer Anhörungen durchführt, muss sich auch Zeit nehmen, und: Wer schriftliche Akten führt, sollte auf Vollständigkeit achten, bevor die Arbeit fortgesetzt wird.[23]

Teilmuster 2: Vorwurf der Abweichung vom Regelfall. Wenn ein Normalfall des Gesetzgebungsverfahrens konstruiert werden kann, der zeitlich weniger ambitionierten Vorgaben folgt, erscheinen die Abweichungen der Eilgesetzgebung rechtfertigungsbedürftig. Dieses Teilmuster erfüllen alle genannten Faktoren.[24]

Teilmuster 3: Mehrheitsentscheidungen gegen individuell formulierte Sorgfaltsanforderungen. Wenn einzelne Akteure im Gesetzgebungsverfahren den Anspruch formulieren, individuell mehr Zeit zu benötigen, erscheinen gegenläufige Mehrheitsentscheidungen rechtfertigungsbedürftig. Die Überzeugungskraft dieses Teilmusters basiert auf dem wahrgenommenen Gegensatz zwischen dem sorgfältigen und gründlichen Mahner hier und der oberflächlichen, hastigen Mehrheit dort, die den Mahner rücksichtslos überstimmt. In dieses Teilmuster

---

23 Zur Verwendung dieses Teilmusters als politische Kritik in der Geschäftsordnungsdebatte oben Fn. 14.

24 Vgl. bemerkenswert eng angelehnt an dieses Teilmuster auch der Fragenkatalog des Zweiten Senats an die sachkundigen Auskunftspersonen im Rahmen der mündlichen Verhandlung des Verfahrens 2 BvE 5/18, die unterschieden zwischen „Ablauf und Dauer von Gesetzgebungsverfahren im Allgemeinen" einerseits und „Ablauf und Dauer des Verfahrens zur Verabschiedung des PartGuaÄndG" andererseits; auch die Rechtfertigungsbedürftigkeit als Element dieses Teilmusters spiegelte sich in der weiteren spezifischen Frage des Gerichts nach „Gründen für die kurzfristig terminierte Anhörung im Ausschuss".

fallen vor allem die zu kurzfristigen Anhörungen und die überstimmten Ver-
tagungsanträge in den Ausschüssen.[25]

Das Problem dieser drei Teilmuster ergibt sich daraus, dass sie hochgradig
plausibel scheinen, aber nur Teilaspekte des Verfahrenskontextes abbilden. Diese
Mischung ist gefährlich. Denn die Teilmuster wirken überzeugender als sie es in
Wahrheit sind, wenn der Verfahrenskontext der parlamentarischen Arbeit und
die Ausgestaltung der Geschäftsordnung des Deutschen Bundestages ebenfalls
berücksichtigt werden.

Ein Beispiel, das die Problematik deutlich macht, liefert die Regelung in § 70
Abs. 1 Satz 1 der Geschäftsordnung des Deutschen Bundestages. Nach dieser
Vorschrift

> *„kann ein Ausschuß öffentliche Anhörungen von Sachverständigen, Interessenvertretern
> und anderen Auskunftspersonen vornehmen".*

Das wichtige Detail folgt dann in Satz 2:

> *„Bei überwiesenen Vorlagen ist der federführende Ausschuß auf Verlangen eines Viertels
> seiner Mitglieder dazu verpflichtet;"*

Mit anderen Worten ist also das Recht, öffentliche Anhörungen zu beantra-
gen, in der Geschäftsordnung des Deutschen Bundestages als Minderheitenrecht ausgestaltet.[26] Dieses Minderheitenrecht ist nicht fristgebunden.[27] Es kann
folglich dazu genutzt werden, die abschließende Behandlung eines Gesetzentwurfs im Ausschuss vorläufig zu verhindern, indem die Ausschussmehrheit

---

25 Dieses Teilmuster verwendet *Thomas Seitz* in der Geschäftsordnungsdebatte, vgl. dazu
oben Fn. 15.

26 Das in § 70 ausgestaltete Anhörungsrecht alimentiert wiederkehrend zahlreiche
geschäftsordnungsrechtliche Zweifel, inwieweit bestimmte Verfahrensweisen und
Durchführungsmodalitäten Minderheitsrechte verletzen; ausführlich *Heynckes*, Das
Ausschussverfahren nach der Geschäftsordnung des Deutschen Bundestages, ZParl
2008, S. 459 (468 ff.). Die Vorschrift ist am 15. Dezember 2022 mit Wirkung zum
1. Januar 2023 modifiziert worden, vgl. BT-Drucks. 20/4331: So sollen öffentliche
Anhörungen zukünftig „grundsätzlich im Internet übertragen werden" und „Auskunftspersonen haben im Vorfeld ihrer mündlichen oder schriftlichen Stellungnahme
etwaige finanzielle Interessenverknüpfungen in Bezug auf den Gegenstand der Beratungen offenzulegen.".

27 Anhörungen können also bis zu Beginn der Abstimmung im Ausschuss beantragt
werden, denn auch noch der letzte Wortbeitrag eines Ausschussmitglieds oder Regie-
rungsvertreters kann die Erforderlichkeit einer Anhörung begründen. Das Minderheitsrecht kann auch nicht durch interne Vereinbarungen abgedungen werden.

zunächst dazu gezwungen wird, die Anhörung vorzunehmen. Als Terminfenster für öffentliche Anhörungen stehen dabei aus Gründen der übergeordneten Organisation der arbeitsteiligen parlamentarischen Arbeit lediglich bestimmte Zeitslots zu Verfügung, die überdies bereits im Voraus belegt sein können und damit für die anzuberaumende Anhörung schon nicht mehr verfügbar sind. Das Minderheitenrecht im Ausschuss, öffentliche Anhörungen auch zu einem späten Zeitpunkt gegen den Willen der Ausschussmehrheit erzwingen zu können, bietet also potenziell erhebliches Verzögerungspotential, das strategisch genutzt werden kann.

Damit ist der beachtliche Verfahrenskontext dieses Beispiels aber noch gar nicht vollständig benannt. Wenn beispielsweise der letzte Sitzungstermin des Bundesrates vor dessen Sommerpause erreicht werden muss, hat dies selbstverständlich Rückwirkungen darauf, bis wann die abschließende parlamentarische Behandlung im Plenum des Deutschen Bundestages gelingen muss. Eine kleine vorläufige Verzögerung im Ausschuss kann also durchaus zu bedeutsamen Verschiebungen der Behandlung im Plenum führen, die wiederum als solche zur Folge hat, dass die Befassung des Bundesrates dann erst nach der Sommerpause möglich wird.[28] Hier ergeben sich durchaus Möglichkeiten, unter dem Vorwand, Sachaufklärung betreiben zu wollen, kaskadierende Weiterfresser-Verzögerungen anzustoßen.

Die organisatorischen Rahmenbedingungen können jedenfalls strategisch genutzt werden. Das Verzögerungspotential durch Ausübung des Minderheitenrechts wird in der parlamentarischen Arbeit deshalb antizipiert, um die Funktionsfähigkeit parlamentarischer Abläufe zu gewährleisten.[29] Als

---

28 Vgl. bemerkenswert offen in Sachen „Sommerpause" etwa die Antwort der Bundesregierung vom 11. August 2022 auf die Kleine Anfrage der Fraktion der CDU/CSU zur Verbändebeteiligung bei dem Entwurf der Bundesregierung für ein Gesetz zu dem umfassenden Wirtschafts- und Handelsabkommen (CETA) zwischen Kanada einerseits und der Europäischen Union und ihren Mitgliedstaaten andererseits vom 30. Oktober 2016 (BT-Drucks. 20/3107): Auf Frage 2 („Wie begründet das Bundesministerium für Wirtschaft und Klimaschutz die bei der Verbändeanhörung gemäß § 47 GGO zum CETA-Ratifizierungsgesetzentwurf gesetzte Frist von einem Arbeitstag?") lautete die Antwort der Bundesregierung lapidar: „Ziel der Bundesregierung war es, den entsprechenden Gesetzentwurf noch vor der Sommerpause zu beschließen.".
29 Der 1. Ausschuss (Ausschuss für Wahlprüfung, Immunität und Geschäftsordnung) hat dazu in einer wichtigen Entscheidung im Jahr 2000 die Rechtsauffassung eingenommen, dass auch Anträge von Regierungsfraktionen nach ihrer Rechtsqualität immer Minderheitsverlangen sind (Nr. 14/9 vom 6. Juli 2000, Ziff. 2).

kompensatorische Gegenstrategie kann eine Ausschussmehrheit durchaus öffentliche Anhörungen beschließen, um Unsicherheiten im Gesetzgebungsverfahren zu vermeiden, die sich anderenfalls daraus ergeben, dass unklar ist, ob und wann das Minderheitenrecht ausgeübt wird.

Das Beispiel des Minderheitenantrags wirft insoweit ein anderes Licht auf die öffentlichen Anhörungen: Informationsbedürfnisse sind nicht der einzige Grund, der aus Sicht der Ausschussmehrheit Anhörungen nahelegt. Es kann auch darum gehen, den Verfahrensschritt einfach zu erledigen.[30]

Der vollständige Verfahrenskontext, der in ganz ähnlicher Weise ein anderes, jedenfalls ergänzendes Licht auf die übrigen Faktoren der Eilgesetzgebung wirft, ergibt sich dabei nicht nur aus der Geschäftsordnung des Deutschen Bundestages. Zur kontextualisierten Einordnung der genannten Faktoren muss außerdem die parlamentarische Übung berücksichtigt werden. Beide Aspekte lassen sich näher illustrieren. So sind beispielsweise schriftliche Stellungnahmen von Sachverständigen bereits als solche nicht zwingend vorgeschrieben (das ergibt sich aus § 70 Abs. 6 Satz 2 der Geschäftsordnung des Deutschen Bundestages).[31] Beachtet man dies, wirkt der Abschluss im Ausschuss „trotz noch fehlender schriftlicher Stellungnahmen" etwas weniger skandalös.[32]

Auch die prima facie plausible Kritik an Vorratsbeschlüssen im Ausschuss verliert doch etwas an Wucht, wenn man hierzu die etablierte parlamentarische Praxis zur Kenntnis nimmt.[33] Dies gilt auch – und gerade – für den umstrittenen

---

30 Gleichwohl sind Anhörungen auch unter diesem Gesichtspunkt nicht als Selbstzweck zu verstehen, bei deren Durchführung es lediglich darum geht, formal das Minderheitsrecht zu wahren, vgl. *Heynckes*, Das Ausschussverfahren nach der Geschäftsordnung des Deutschen Bundestages, ZParl 2008, S. 459 (468) m.w.Nachw.

31 Vgl. zum ausdrücklichen Spielraum des Ausschusses die Formulierung der Geschäftsordnung: „Er kann sie um Einreichung einer schriftlichen Stellungnahme bitten".

32 § 73 GO-BT befasst sich mit Ausschussprotokollen. Mit der Durchführung der Anhörung wird dem Minderheitsrecht Genüge getan, weitergehende Anforderungen (etwa eine Vorlage der Protokollabschrift vor den abschließenden Beratungen) sind weder Teil des Minderheitsrechtes noch Voraussetzung für Schlussberatungen im Ausschuss, vgl. *Heynckes*, Das Ausschussverfahren nach der Geschäftsordnung des Deutschen Bundestages, ZParl 2008, S. 459 (468). Die Vorschrift ist am 15. Dezember 2022 mit Wirkung zum 1. Januar 2023 modifiziert worden, vgl. BT-Drucks. 20/4331.

33 Vorratsbeschlüsse dienen insbesondere der Vermeidung ungünstiger Termine für Ausschusssitzungen. In der Praxis der unterschiedlichen Ausschüsse gibt es differenzierte Auffassungen über Zulässigkeitsfragen und dementsprechend inkongruente Übungen, vgl. differenzierend *Heynckes*, Das Ausschussverfahren nach der Geschäftsordnung des Deutschen Bundestages, ZParl 2008, S. 459 (470); zusätzliche Probleme ergeben sich

Vorratsbeschluss des Innenausschusses, der als Facette des anhängigen Organ-
streit- und Normenkontrollverfahrens derzeit noch immer verfassungsgerichtlich überprüft wird. Pikanterweise haben nämlich in derselben Sitzung desselben
Ausschusses sämtliche Fraktionen einem anderen Vorratsbeschluss zur Durchführung einer anderen öffentlichen Anhörung zugestimmt, die für denselben
Tag terminiert wurde, auf den die später verfassungsgerichtlich angegriffene
Anhörung zur Parteienfinanzierung fiel. Der konsentierte Vorratsbeschluss
betraf Vorlagen der Bundesregierung und zweier Oppositionsfraktionen zum
Familiennachzug zu subsidiär Schutzberechtigten.[34] Selbst die Drucklegung
beider Vorlagen, also zur Parteienfinanzierung einerseits und zum Familiennachzug anderseits, war am selben Tage. Dies entkräftet zwar nicht die verfassungsrechtliche Kritik an einem der beiden Vorratsbeschlüsse. Aber der doch
verblüffende Gleichlauf zwischen dem konsentierten Vorratsbeschluss und dem
Vorratsbeschluss, der dann dem Organstreitverfahren zugeführt wurde, kari-
kiert wohl die Aufrichtigkeit der Empörung.

C. Verfassungsrechtliche Maßstäbe

Die genannten Beispiele machen die Erheblichkeit des Verfahrenskontextes
deutlich, soweit es darum geht, die einzelnen Faktoren der Eilgesetzgebung
zutreffend zu beschreiben und Inhalt und Tragweite sämtlicher Verfahrensschritte vollständig zu erfassen. Letztlich handelt es sich um nicht mehr – aber
auch um nicht weniger – als die Sachverhaltsseite der Eilgesetzgebung. Diese
sollte keinesfalls unterschätzt werden, denn geschickt zugespitzte Sachver-
haltsdarstellungen suggerieren bisweilen ihre (vermeintliche) rechtliche Würdigung weitaus kraftvoller als dies feinziselierten rechtlichen Überlegungen
jemals möglich wäre. Ein pointierter Sachverhalt, der ganz unschuldig auf
einordnende Hinweise verzichtet, kann in den Händen Kundiger zur verfassungsrechtlichen Emser Depesche verformt werden. Der Sachverhalt der Eilgesetzgebung wird dann zum überzeugenden Überbringer der Botschaft seiner
eigenen Verfassungswidrigkeit.[35] Dergestalt versiert aufbereitete Sachverhalte

---

dann, wenn das Plenum trotz eines Vorratsbeschlusses einen anderen federführenden
Ausschuss bestimmt.

34 Öffentliche Anhörung am Montag, dem 11. Juni 2018, 14.00 Uhr zum Familiennach-
zugsneuregelungsgesetz – BT-Drucks. 19/2438 – und zur Änderung des Aufenthalts-
gesetzes – BT-Drucks. 19/2523, 19/2515.

35 Zur Rhetorik des Hauptantrags der Antragstellerin im Verfahren 2 BvE 5/18 oben
Fn. 22.

lenken Empörung und ziehen die Betrachter magnetisch in ihren Bann – ganz anders als die eigentlichen verfassungsrechtlichen Maßstäbe, die abstrakt – und zunächst etwas blutleer – daherkommen.

Der Zweite Senat des Bundesverfassungsgerichts hält die Existenz verfassungsrechtlicher Maßstäbe zur Einhegung jedenfalls einzelner Facetten der Eilgesetzgebung ganz offenbar für möglich. Anders wäre nicht zu erklären, dass Berichterstatter *Peter Müller* mittlerweile im fünften Jahr an seinen beiden Voten zu einem Organstreitverfahren[36] und einem abstrakten Normenkontrollantrag[37]

---

36 2 BvE 5/18 („Ablauf des Gesetzgebungsverfahrens bei Anhebung der absoluten Obergrenze der Parteienfinanzierung"); zur Ankündigung der Urteilsverkündung für Januar 2023 vgl. oben Fn. 7.

37 2 BvF 2/18 („Anhebung der absoluten Obergrenze der Parteienfinanzierung"), dazu ebenfalls Fn. 7. Die gemeinsame mündliche Verhandlung beider Verfahren im Oktober 2021, die der Senat mit Blick auf die Rechtsfragen des Gesetzgebungsverfahrens sowie deren Verknüpfung mit der Frage der formellen Verfassungsmäßigkeit des angegriffenen Gesetzes offenbar für sachdienlich erachtete, musste mit bemerkenswerten Besonderheiten umgehen. So hatte der Senat zwar zuvor mit Beschluss vom 3. November 2020 entschieden, dass sowohl der Beitritt als auch der Anschluss von 30 Mitgliedern des Deutschen Bundestages, die der Fraktion der AfD angehören oder angehörten, an das Normenkontrollverfahren unzulässig sind (BVerfGE 156, 1 ff.); gleichwohl war dann jedoch die Fraktion der AfD als Antragstellerin des Verfahrens 2 BvE 5/18 in die Erörterung derjenigen Rechtsfragen einbezogen, die (auch) den abstrakten Normenkontrollantrag betreffen. Hierauf reagierten wiederum die Antragsteller des Normenkontrollantrags, 216 Mitglieder des 19. Deutschen Bundestages, indem sie ihren Vortrag in der mündlichen Verhandlung substantiell präzise begrenzten: Verfassungsrechtliche Bedenken hinsichtlich des Gesetzgebungsverfahrens wollten sie auch nicht auf ausdrückliche Nachfrage des Senats erkennen oder formulieren, der ausweislich seiner Verhandlungsgliederung für das Normenkontrollverfahren die „formelle Verfassungsmäßigkeit" des Gesetzes als eigenständigen Aspekt der Begründetheit zu thematisieren beabsichtigte. Die Verfahrensbevollmächtigte der Antragsteller im Normenkontrollverfahren ließ sich hierauf nicht ein und verwies lapidar in der mündlichen Verhandlung darauf, dass sich ihre Verfahrensvollmacht nicht auf Fragen der formellen Verfassungsmäßigkeit des Gesetzes erstrecke. Für den Senat folgte hieraus zwar keine prozessuale Begrenzung seines verfassungsrechtlichen Prüfungsumfangs. So werden nach allgemeinen Grundsätzen die im abstrakten Normenkontrollverfahren angegriffenen Normen unter sämtlichen verfassungsrechtlichen Gesichtspunkten geprüft, also auch jenseits konkret erhobener Rügen der jeweiligen Antragsteller (vgl. zu den allgemeinen Grundsätzen BVerfGE 97, 198 [214]; 101, 239 [257]; 112, 226 [254]). Aber jedenfalls im vorliegenden Kontext der „Eilgesetzgebung" handelte sich der Senat durch diese klare Position der Antragsteller des Normenkontrollverfahrens erheblichen argumentativen Ballast ein, auch hinsichtlich

arbeitet – und dass der Senat beide Verfahren Ende des letzten Jahres zweitägig mündlich verhandelte.

Im Kern lassen sich zwei unterschiedliche Wege beschreiten, um verfassungsrechtliche Antworten auf die Frage nach Grenzen der Eilgesetzgebung zu suchen: Der erste denkbare Weg verläuft in Richtung starrer Maßstäbe, die namentlich den Zeitbedarf unterschiedlicher Teilabschnitte des Gesetzgebungsverfahrens verfassungsrechtlich klar vorgeben. Hierzu zählen dann beispielsweise feste Vorgaben zum Zeitbedarf notwendiger Vorbereitungshandlungen bei kurzfristigen Einladungen zu Ausschussanhörungen, etwaige Mindestvorgaben oder Fristregelungen dazu, wann frühestens nach einer Anhörung die Vorlage im Ausschuss abschließend beraten bzw. wann frühestens nach Beschlussfassung eine Anhörung durchgeführt werden kann. Ebenfalls denkbarer Gegenstand derartiger starrer Vorgaben wäre die in der parlamentarischen Praxis wichtige Frage nach Einbringungsfristen für Änderungsanträge im Ausschuss. Hierdurch könnte dem genannten Problem voluminöser Änderungsanträge begegnet werden, die erst wenige Minuten vor der abschließenden Befassung im Ausschuss aus dem berüchtigten FAX-Gerät fallen.[38]

---

des Organstreitverfahrens: Denn seinen verfassungsrechtlich noch zu entwickelnden, zukünftigen „materiellen Übereilungsschutz im Gesetzgebungsverfahren" wird der Senat zum Schutze von Mitgliedern des Deutschen Bundestages entfalten müssen, die ihrerseits nicht nur gar keine Übereilung wahrgenommen haben, sondern die in der mündlichen Verhandlung auch eindrücklich erklärten, der Zeitraum für die Beratung des Gesetzentwurfs sei ausreichend gewesen (so jedenfalls die insoweit übereinstimmende Einschätzung der Vertreter der den Gesetzentwurf einbringenden Fraktionen CDU/CSU und SPD sowie der Fraktionen von BÜNDNIS 90/DIE GRÜNEN, FDP und DIE LINKE). Von übereilter Eilgesetzgebung wollte bis zuletzt nur die Fraktion der AfD sprechen. Es erscheint ironisch und bezeichnend, dass sich ausgerechnet die Fallkonstellation der absehbaren zukünftigen Leitentscheidung des Senats zu den Grenzen der Eilgesetzgebung dadurch auszeichnet, dass sogar die Antragsteller des Normenkontrollantrags, die das Gesetz für nichtig erklären wollen, sich gegen dessen formelle Verfassungswidrigkeit positionieren, den Beratungszeitraum als ausreichend bezeichnen und davor warnen, zukünftig Fragen des politischen Stils im Organstreitverfahren auszutragen.

38 Vgl. als jüngstes Beispiel die zweite und dritte Beratung der Energiepreisbremsen im Deutschen Bundestag am 15. Dezember 2022, Plenarprotokoll 20/76, S. 8991 (*Andreas Jung*: „Viel zu spät ist dann die Gaskommission eingesetzt worden, erst im September. Das ist der Grund, warum die Bremsen nicht vor dem Winter kommen, sondern erst nach dem Winter. Damit haben Sie sich selbst unter einen Zeitdruck gesetzt, der dazu geführt hat, dass um 0.25 Uhr in der Nacht auf gestern dem zuständigen Ausschuss

Der zweite denkbare Weg verläuft in eine ganz andere Richtung, indem nach möglichen dilatorischen Rechten einzelner Akteure gesucht wird. Dilatorische, also verzögernde Rechte, würden das Phänomen der Eilgesetzgebung nicht generell einbremsen. Sondern rechtlicher Ansatzpunkt wären hier konkrete Mitwirkungs- und Teilhaberechte, insbesondere der Mitglieder des Deutschen Bundestages, womöglich auch Fraktionsrechte oder gar Rechte sonstiger Beteiligter. Dilatorische Rechte könnten geltend gemacht werden, um im Bedarfsfall Teilabschnitte des Gesetzgebungsverfahrens zu entschleunigen, etwa indem einzelne Mitglieder des Deutschen Bundestages darauf pochen dürften, sich zunächst umfangreich in eine Sachmaterie einzuarbeiten, die Erstellung schriftlicher Protokolle abzuwarten oder auch Sachverständige aus südwestdeutschen Universitätsstädten zu hören. Dilatorische Rechte könnten dann – ihre Existenz einmal vorausgesetzt – beispielsweise dadurch verletzt werden, dass Ausschussmehrheiten kurzfristiger terminieren oder kurzfristiger abschließend beraten, als es den Inhaberinnen und Inhabern dilatorischer Rechte beliebt. Dogmatisch ist die Idee dilatorischer Rechte nicht uncharmant, vermeidet sie doch das grundsätzliche Problem starrer Maßstäbe dort, wo sich alle Beteiligten einig sind. Denn dilatorische Rechte zwingen niemanden dort zum Warten, wo alle Beteiligten rasch voranschreiten wollen.

Der erste Weg, also die Suche nach starren Maßstäben, ist in der parlamentarischen Praxis des Deutschen Bundestages mehrfach und akribisch ausgeleuchtet worden. Diese Suche ist bislang erfolglos geblieben und hat zu der erfahrungsgesättigten parlamentarischen Rechtsüberzeugung beigetragen, dass es für viele Facetten der Eilgesetzgebung nicht möglich sei, starre Maßstäbe näher festzulegen – oder gar durch Fristregelungen in der Geschäftsordnung zu versteinern.[39]

Der zweite Weg, also die verfassungsrechtliche Konstruktion dilatorischer Rechte, scheint nach den Eindrücken der mündlichen Verhandlung die Brücke zu sein, die jedenfalls Teile des Zweiten Senats des Bundesverfassungsgerichts zu beschreiten beabsichtigen, um das ersehnte „Ufer der Entschleunigung" zu erreichen. Daran, dass diese Brücke der dilatorischen Rechte am Ende trägt, bestehen allerdings Zweifel.[40]

---

für Klimaschutz und Energie ein Konvolut von 400 Seiten mit Änderungsanträgen zugestellt wurde.").
39 Dazu sogleich I.
40 Dazu unten II.

I. Starre Fristen als Maßstab

Die Fruchtlosigkeit der Suche nach starren Maßstäben ist mittlerweile gut dokumentiert. Dies mag einer der Gründe dafür sein, dass der Zweite Senat derzeit den anderen Weg in Richtung dilatorischer Rechte einschlägt. Lehrreich und von übergeordneter Bedeutung sind aber die näheren Umstände, an denen die Konstruktion starrer Maßstäbe bislang gescheitert ist.

Wichtige Meilensteine stammen insoweit aus der Feder des Ausschusses für Wahlprüfung, Immunität und Geschäftsordnung des Deutschen Bundestages (1. Ausschuss).

In einer Auslegungsentscheidung[41] aus dem Jahr 1997 betreffend kurzfristig terminierte Anhörungen hat der 1. Ausschuss verschiedene Gesichtspunkte zur Beschlussfassung und Einladung konkretisiert und für den parlamentarischen Geschäftsgang allgemein operationalisierbar gemacht. Hiernach ergibt sich konkret folgende parlamentarische Praxis und Rechtsüberzeugung: Zur Beschlussfassung und Einladung gemäß §§ 60, 61, 70 GO-BT obliegt es bei kurzfristig terminierten Anhörungen dem Vorsitzenden, für alle notwendigen Vorbereitungshandlungen zu sorgen. Bei kurzfristiger Einladung muss er ggf. vorbehaltlich der Beschlussfassung des Ausschusses und/oder vorbehaltlich der Genehmigung des Präsidenten die Einladung aussprechen.

Neben der konkreten Einladungspraxis hat sich der Geschäftsordnungsausschuss auch intensiv mit der allgemeineren Frage auseinandergesetzt, ob der Zeitbedarf parlamentarischer Entscheidungen entweder in allgemeiner Weise bestimmbar und konkretisierbar sein könnte oder jedenfalls formal durch Fristregelungen in der Geschäftsordnung regelbar wäre.

Hierzu einstimmig lehnte der 1. Ausschuss im Jahr 2000 eine Anregung ab, für Änderungsanträge im Ausschuss eine Einbringungsfrist in die Geschäftsordnung aufzunehmen.[42]

Die Geschäftsordnung des Deutschen Bundestages schreibt weiterhin weder einen Mindestabstand zwischen Anhörung und Beratungsabschluss im

---

41 Vgl. Auslegungsentscheidung des Ausschusses für Wahlprüfung, Immunität und Geschäftsordnung des Deutschen Bundestages (1. Ausschuss) vom 30.10.1997 (Nr. 13/13) zur Beschlussfassung und Einladung gemäß §§ 60, 61, 70 GO-BT.

42 Vgl. das Schreiben der Ausschussvorsitzenden an den Präsidenten des Deutschen Bundestages vom 14. Juli 2000, Bezugnahme hierauf im Beratungsergebnis des GO-Ausschusses in der Sitzung am 18. April 2002 zu einer Prüfbitte des Vorsitzenden des Ausschusses für Verbraucherschutz, Ernährung und Landwirtschaft vom 27. November 2001.

Ausschuss noch eine Mindestfrist zwischen Beschluss und der Durchführung einer Anhörung vor. Diese Regelungslücke hat im parlamentarischen Raum verschiedentlich Wünsche nach konkretisierenden normativen Klarstellungen alimentiert.

Hierzu hat der Geschäftsordnungsausschuss auf eine Prüfbitte des Vorsitzenden des Ausschusses für Verbraucherschutz, Ernährung und Landwirtschaft im Jahr 2002 einmütig die Auffassung vertreten, dass es nicht möglich sei, näher festzulegen – oder gar durch eine Fristregelung in der Geschäftsordnung zu regeln –, wann frühestens nach einer Anhörung die Vorlage im Ausschuss abschließend beraten bzw. frühestens nach Beschlussfassung eine Anhörung durchgeführt werden kann. Vielmehr hat der Geschäftsordnungsausschuss in diesem Zusammenhang der Mehrheit einen sehr großzügig bemessenen Beurteilungs- und Entscheidungsspielraum zugebilligt.[43]

II. Dilatorische Rechte

Damit rückt also die Idee dilatorischer Rechte in den Vordergrund. Die Grundstruktur eines solchen Rechts im Gesetzgebungsverfahren kann verfassungsrechtlich eng an das Recht auf gleichberechtigte Teilhabe an der parlamentarischen Arbeit anknüpfen (Art. 38 Abs. 1 Satz 2 GG).[44] Unmittelbar erfasst als Träger dieses dilatorischen Rechts wären dann demnach jedenfalls die Mitglieder des Deutschen Bundestages und darüber hinaus – wohl[45] – auch die Fraktionen aus eigenem Recht.

---

43 Vgl. Beratungsergebnis des GO-Ausschusses in der Sitzung am 18. April 2002 zu einer Prüfbitte des Vorsitzenden des Ausschusses für Verbraucherschutz, Ernährung und Landwirtschaft vom 27. November 2001. Zur jüngsten Ablehnung eines Antrags auf Änderung der Geschäftsordnung dergestalt, dass bei einer Beantragung durch eine Ausschussminderheit die öffentliche Sachverständigenanhörung innerhalb von zehn Sitzungswochen durchzuführen ist, oben Fn. 4; vgl. dazu auch Beschlussempfehlung und Bericht des Ausschusses für Wahlprüfung, Immunität und Geschäftsordnung (1. Ausschuss), BT-Drucks. 20/4808; dazu Wortprotokoll der 13. Sitzung in Geschäftsordnungsangelegenheiten – öffentliche Anhörung am 25. November 2022, Protokoll-Nr. 20/13-G.

44 Vgl. BVerfGE 70, 324 (355); 130, 318 (342); 137, 185 (242 Rn. 151); BVerfG, Urteil vom 22. März 2022 – 2 BvE 2/20 –, Rn. 48 ff.; *Badura*, in: Schneider/Zeh, Parlamentsrecht und Parlamentspraxis in der Bundesrepublik Deutschland, 1989, § 15 Rn. 16.

45 Dass es aus Sicht des Senates um dilatorische Rechte (auch) der Fraktion gehen muss, ergibt sich aus der prozessualen Konstellation von 2 BvE 5/18: Antragstellerin ist eine Fraktion (und kein Mitglied des Deutschen Bundestages), die im Organstreitverfahren zwar eine Verletzung eigener Rechte geltend machen, nicht aber prozessstandschaftlich

Dogmatischer Kern dieser Idee wäre dabei die Einsicht, dass gleichberechtigte Mitwirkung dort endet, wo Überbeschleunigung im Verfahren einzelne Teilnehmer gewissermaßen intellektuell abhängt und damit letztlich – trotz physischer Anwesenheit – ausschließt.[46]

Das ist im Ansatz nachvollziehbar und knüpft eng an die etablierte Ausgestaltung des Rechts auf Teilnahme an der parlamentarischen Willensbildung an. Dieses Statusrecht der Mitglieder des Deutschen Bundestages beinhaltet schon nach bisheriger Rechtsprechung des Bundesverfassungsgerichts unterschiedliche Mitwirkungsbefugnisse und Informationsrechte.[47] Es wäre vor diesem

---

Verletzungen von Rechten der Mitglieder des Deutschen Bundestages im eigenen Namen rügen kann (vgl. BVerfGE 70, 324 [351]). Eine mündliche Verhandlung wäre nicht angezeigt gewesen, wenn der Senat die Zulässigkeit des Antrags der Fraktion nicht für möglich erachtet hätte. Gleichwohl bleiben Zweifel, denn auch wenn die Rechtsstellung der Fraktion aus Art. 38 Abs. 1 GG abgeleitet wird (vgl. BVerfGE 135, 317 [396 Rn. 153]), handelt es sich hierbei nicht um einen Rechtsstatus, der mit dem Rechtsstatus des Abgeordneten aus Art. 38 Abs. 1 GG identisch oder kongruent wäre. Ein verfassungsgerichtlich noch zu konstruierender „Übereilungsschutz" zugunsten einzelner Mitglieder des Deutschen Bundestages lässt sich womöglich nicht überzeugend (auch) auf Fraktionen übertragen (vgl. nur die Differenzierung des Senats zwischen den Rechten der Fraktion einerseits und den Rechten der Abgeordneten in BVerfGE 140, 115 [152 Rn. 95]).

46   Dogmatisch verzweigt sich die Anbindung dieser Idee sowohl in Richtung der Rechtsprechung des Senats zur Teilhabe der Abgeordneten an der parlamentarischen Willensbildung (vgl. BVerfGE 44, 308 [316]; 56, 396 [405]; 80, 188 [218]; 84, 304 [321 f.]; 96, 264 [278]; 112, 118 [133 ff.]; BVerfG, Urteil vom 22. März 2022 – 2 BvE 2/20 –, Rn. 48) als auch hin zum Grundsatz der Öffentlichkeit der parlamentarischen Beratung als Ausfluss des Demokratieprinzips (vgl. BVerfGE 40, 237 [249]; 40, 296 [327]; 70, 324 [355]; 84, 304 [329]; 95, 267 [307 f.]; 108, 282 [312]; 125, 104 [123 f.]; 130, 318 [344]; 150, 204 [232 f. Rn. 82]; 150, 345 [369 f. Rn. 59]), denn die Frage einer „Abhängbarkeit durch Überbeschleunigung" lässt sich – jedenfalls im Grundsatz – sowohl für Parlamentarier als auch hinsichtlich der Öffentlichkeit aufwerfen.

47   Die parlamentarischen Mitwirkungsrechte erschöpfen sich nicht in der Beschlussfassung, sondern erstrecken sich auch auf das „Verhandeln", Art. 42 Abs. 1 Satz 1 GG (BVerfG, Urteil vom 22. März 2022 – 2 BvE 2/20 –, Rn. 44 m.w.Nachw.). Aus dem freien Mandat des Abgeordneten ergeben sich zahlreiche Statusrechte, insbesondere das Rederecht (vgl. BVerfGE 10, 4 [12]; 60, 374 [379]; 80, 188 [218]; 130, 318 [342]; 140, 115 [151 Rn. 92]), das Stimmrecht (vgl. BVerfGE 10, 4 [12]; 70, 324 [355]; 130, 318 [342]; 140, 115 [151 Rn. 92]), das Recht auf Teilhabe am Frage- und Informationsrecht des Parlaments (vgl. BVerfGE 13, 123 [125]; 57, 1 [5]; 67, 100 [129]; 70, 324 [355]; 80, 188 [218]; 124, 161 [188]; 130, 318 [342]; 137, 185 [230 ff. Rn. 129 ff.]; 140, 115 [151 Rn. 92]; 147, 50 [126 Rn. 195]), das Recht, parlamentarische Initiativen zu ergreifen

Hintergrund ein klarstellender weiterer Schritt, als ergänzenden Mosaikstein der Teilnahme an der parlamentarischen Beratung zukünftig – zusätzlich – ein „Recht auf angemessene Vorbereitung" anzuerkennen.[48]

---

und sich an den vom Parlament vorzunehmenden Wahlen zu beteiligen (vgl. BVerfGE 80, 188 [218]; 130, 318 [342]; 140, 115 [151 Rn. 92]), sowie das Recht, sich mit anderen Abgeordneten zu einer Fraktion zusammenzuschließen (vgl. BVerfGE 43, 142 [149]; 70, 324 [354]; 80, 188 [218]; 96, 264 [278]; 130, 318 [342]); BVerfG, Urteil vom 22. März 2022 – 2 BvE 2/20 –, Rn. 46.

48 Ein Statusrecht auf „angemessene Vorbereitung" hat die verfassungsgerichtliche Rechtsprechung bislang weder erwogen noch anerkannt. Vielmehr hat der Senat zur Frage, wann eine Beschlussfassung über eine Gesetzesinitiative noch „in angemessener Frist" erfolgt, ausdrücklich darauf verwiesen, dass das Grundgesetz keine konkreten Vorgaben zur Angemessenheit der Dauer enthält (BVerfGE 145, 348 [360 f. Rn. 36 f.]). In Fällen besonders beschleunigter Beratungen hat der Senat bislang prononciert auf die Befugnis des Deutschen Bundestages abgestellt, den Gang seines Gesetzgebungsverfahrens autonom zu regeln, und insbesondere weitreichende Spielräume zur Verfahrensbeschleunigung anerkannt (vgl. insbesondere BVerfGE 29, 221 [233] – *Jahresarbeitsverdienstgrenze*: „Dass der umfangreiche und schwer überschaubare Gesetzentwurf erst kurz vor dem beabsichtigten Zeitpunkt des Inkrafttretens eingebracht und im Plenum sowie in zahlreichen Ausschüssen der gesetzgebenden Körperschaften in großer Eile behandelt worden ist, begründet für sich allein keinen Verfassungsverstoß. Es stand jedem Gesetzgebungsorgan frei, die Gesetzesvorlage abzulehnen, wenn es sich durch den Zeitdruck in der sachgemäßen Behandlung behindert fühlte."; BVerfGE 127, 1 [15 f.] – *Spekulationsfrist*: „Dass der umfangreiche und schwer überschaubare Gesetzentwurf im Plenum und in den Ausschüssen des Deutschen Bundestages, insbesondere im Finanzausschuss, sowie im Bundesrat in großer Eile behandelt wurde, begründet keinen Verfassungsverstoß. Es stand jedem Gesetzgebungsorgan frei, die Gesetzesvorlage abzulehnen, wenn es sich durch den Zeitdruck in der sachgemäßen Behandlung behindert fühlte. Eine Verletzung wesentlicher verfassungsrechtlich vorgeschriebener Förmlichkeiten ist nicht festzustellen. Soweit sich der Kläger […] die Kritik der Oppositionsfraktionen insbesondere in Bezug auf das Verfahren im Finanzausschuss zu eigen macht, wonach die Beratung aufgrund zahlreicher und zum Teil mehrfacher Änderungen in hohem Maß unübersichtlich und eine erneute Sachverständigenanhörung geboten gewesen sei […], handelt es sich um eine Beanstandung politischer Art, über die das Bundesverfassungsgericht nicht zu entscheiden hat. Konsequenzen hätten daraus nur die beteiligten Gesetzgebungsorgane ziehen können […]. Soweit die Oppositionsfraktionen mit ihrer Kritik weder im Finanzausschuss noch bei der anschließenden Beratung im Deutschen Bundestag durchdringen konnten, ist das als Ausdruck des Mehrheitsprinzips bei der Bildung eines einheitlichen politischen Willens hinzunehmen.").

Denn, hier schließt sich der gedankliche Kreis, nur angemessen vorbereitet lässt sich angemessen über eigenes Vorgehen und damit die eigene Teilnahme an der parlamentarischen Arbeit entscheiden.[49]

Ein Vorzug dieser Idee eines dilatorischen Rechts drängt sich auf. Denn sie vermeidet die Nachteile aller starren Maßstäbe und harter Fristen. Sie gewährt stattdessen hinreichende Flexibilität und lässt passgenaue Lösungen mit Blick auf die allfälligen Besonderheiten des Einzelfalls erhoffen.[50] Denn verfassungsrechtlich gewährleistet würde kein „Recht auf unbegrenzte Vorbereitung", sondern eines auf „angemessene Vorbereitung".

Kurzum: Das Recht auf „angemessene Vorbereitung" würde nur in Fällen der Überbeschleunigung verletzt. Und auch in umgekehrter Richtung ließe sich der definitorische Zusammenhang mühelos lesen: Überbeschleunigung im Sinne verfassungswidriger Eilgesetzgebung wäre nur in Fällen einer Verletzung des Rechts auf „angemessene Vorbereitung" anzunehmen.

Damit eng verknüpft ist der zweite Vorzug dieser Idee eines dilatorischen Rechts, denn das Gericht könnte sich über ein passgenaues Konzept der

---

49 Selbst dann, wenn der Senat zukünftig aus Art. 38 Abs. 1 Satz 2 GG justiziable Grenzen der Eilgesetzgebung ableiten sollte, stellen sich Folgeprobleme, denn der rechtliche Zusammenhang zwischen (insoweit denkbaren) Statusrechten der Mitglieder des Deutschen Bundestages und einer daraus folgenden formellen Verfassungswidrigkeit (dazu oben Fn. 37) des jeweiligen Gesetzes drängt sich nicht auf: Die Anforderungen gemäß Art. 77 Abs. 1 Satz 1 GG müssten insoweit „in Verbindung" gelesen werden mit Art. 38 Abs. 1 Satz 2 GG sowie – womöglich ergänzend – mit Art. 42 Abs. 1 Satz 1 GG.

50 Der Senat könnte geneigt sein, auf eine seiner bewährten Formeln zurückzugreifen, die zwar allgemein formuliert und im Maßstabsteil („C. I.") verortet sind, dabei aber letztlich nur auf Einzelfallüberlegungen verweisen können und hierdurch im Rahmen der Subsumtion sämtliche Optionen eröffnen. Eine Blaupause liefert insbesondere BVerfGE 145, 348 (361 Rn. 37): Danach „bedarf es einer Berücksichtigung sämtlicher Umstände des jeweiligen Einzelfalles sowohl hinsichtlich des konkreten Gesetzentwurfs (Umfang, Komplexität, Dringlichkeit, Entscheidungsreife) als auch hinsichtlich weiterer die Arbeitsabläufe des Parlaments beeinflussender Faktoren (Bearbeitung sonstiger Gesetzesvorlagen oder anderer Parlamentsangelegenheiten)."; bemerkenswert im Zusammenhang mit dieser höchst flexiblen Formel indes die Zurückhaltung des Senats, der im Jahr 2017 (a.a.O., S. 361 f. Rn. 38) jedenfalls ausdrücklich keine Einzelfall-Judikatur vor Augen hatte: „[...] allenfalls in Ausnahmefällen [...]". Denkbar ist dies, wenn die Behandlung eines Gesetzentwurfs erkennbar ohne jeden sachlichen Grund verschleppt und auf diese Weise versucht wird, das Gesetzesinitiativrecht zu entleeren. [...] An eine Grenze stößt dieser politische Gestaltungsspielraum erst dort, wo ein Missbrauch zu Lasten parlamentarischer Minderheiten vorliegt.".

„Angemessenheit" eine taugliche Stellschraube für die Maßstabsschwelle entwickeln. Denn es kann nicht Aufgabe der Verfassungsgerichtsbarkeit sein, festzustellen, ob die Beratung eines Gesetzentwurfs ausführlich und gründlich
stattgefunden hat oder ob sie in besonderer Weise zweckmäßig ausgestaltet
war.[51] Hier bestünde insbesondere Raum für eine dogmatische Brücke in Richtung Geschäftsordnungsautonomie des Deutschen Bundestages. Art. 40 Abs. 1
Satz 2 GG formuliert für den Deutschen Bundestag prägnant und konzis: „Er
gibt sich eine Geschäftsordnung." Daraus folgt schon nach bisheriger Rechtsprechung des Bundesverfassungsgerichts, dass dem Deutschen Bundestag ein
erheblicher Spielraum zur Gestaltung seiner Arbeitsabläufe mit dem Ziel der
Erhaltung seiner Funktionsfähigkeit eingeräumt ist. Die verfassungsgerichtliche
Überprüfung achtet diesen Spielraum seit jeher.[52]

Der Glanz dieser „Angemessenheits"-Flexibilität, die zugleich Einzelfallgerech-
tigkeit und Wahrung der Geschäftsordnungsautonomie des Deutschen Bundestages in Aussicht stellt, kommt aber nicht allein. Er wird begleitet vom Elend der
Frage eines Prüfungsmaßstabes.

Denn „wann", so wäre zu fragen, ist die Schwelle der „Angemessenheit" im
Einzelfall überschritten? Wann ist die Schwelle der „Angemessenheit" im Einzelfall noch gewahrt? Und, dies wäre die Bonusfrage, landet man am Ende nicht

---

51 Präzise erkannt und benannt in BVerfGE 145, 348 (361 f. Rn. 38): „Wann über ein
Gesetzesvorhaben abzustimmen ist, bestimmt sich allerdings – wie der vorliegende Fall
zeigt – gerade in politisch und gesellschaftlich umstrittenen Zusammenhängen auch
nach Gesichtspunkten, die in stärkerem Maße das Ergebnis einer politischen Mehr-
heitsbildung als dasjenige einer rechtlich strukturierten und gerichtlich überprüfbaren
Entscheidung sind.".
52 Vgl. BVerfGE 10, 4 (19 f.); 80, 188 (220); 84, 304 (322); 96, 264 (280 f.) – zum weiten
Gestaltungsspielraum; BVerfGE 102, 224 (236 f.) – zum Selbstorganisationsrecht des
Parlaments angesichts zunehmender Komplexität der Regelungsbedürfnisse; dabei
gewährleistet die Geschäftsordnungsautonomie des Deutschen Bundestages ihrerseits
die Funktionsfähigkeit des Parlaments (vgl. BVerfGE 44, 308 [314 f.]; 70, 324 [360 f.];
84, 304 [322 f.]; 96, 264 [278 f.]; die Ausübung parlamentarischer Mitwirkungsrechte
unterliegt grundsätzlich den vom Parlament kraft seiner Autonomie gesetzten Schran-
ken (vgl. BVerfGE 10, 4 [11 ff.]; 80, 188 [218 ff.] – zur Festlegung der Befugnisse der
Fraktionen im parlamentarischen Geschäftsgang; 96, 264 [285] – zur fairen und loyalen
Anwendung der Geschäftsordnung).

doch wieder bei einem starren Maßstab, wenn man den allgemeinen Maßstab der „Angemessenheit" einmal ausbuchstabiert?[53]

Diese Fragen nahmen erheblichen Raum in der mündlichen Verhandlung ein. Der Zweite Senat zeigte sich insoweit suchend. Unter methodischen Gesichtspunkten scheint es dabei von vornherein fernliegend, dass der Senat beabsichtigen könnte, einen allgemeinen Maßstab „angemessener" Vorbereitung zu formulieren.

Ebenfalls fernliegend scheint die Tragfähigkeit des Vorschlags der Antragstellerin des Organstreitverfahrens, die es ausdrücklich ablehnt, „angemessene Vorbereitung" abstrakt zu umgrenzen. Vielmehr sei ein „Evidenzmaßstab" heranzuziehen. Unangemessen sei jedenfalls das, was evident unangemessen sei. Hier scheint der rhetorische Trick des pointierten Sachverhalts auf. Das Evidenzerlebnis spiegelt die verfassungsrechtliche Emser Depesche. Der Sachverhalt der Eilgesetzgebung wird dann zum Überbringer der evidenten Botschaft seiner eigenen Verfassungswidrigkeit.[54]

Was bleibt, wenn allgemeine Maßstäbe nicht verfügbar sind und rhetorische Tricks unter der Würde des Gerichts?

Teile des Zweiten Senats scheinen hier ein Abwägungsmodell in Erwägung zu ziehen. Beschleunigung wäre dann als „Eingriff" in das Recht auf gleichberechtigte Teilhabe an der parlamentarischen Arbeit zu werten. In jedem Einzelfall wäre sodann auf „Stufe 2" nach einer tauglichen Rechtfertigung zu fragen. Von dem rein rhetorischen Trick des Evidenzerlebnisses würde sich ein solches Abwägungsmodell insofern unterscheiden, als jedenfalls das aus der Grundrechtdogmatik bekannte Modell einer bilanzierenden Gesamtabwägung im Hintergrund dogmatisch Pate stünde.

Dass es um Vorstellungen geht, die einer bilanzierenden Gesamtabwägung jedenfalls nicht unähnlich sind, war der umfangreichen Sachverhaltsaufklärung des Senats deutlich anzumerken. Sämtliche Ersten Parlamentarischen Geschäftsführer waren für die mündliche Verhandlung als sachkundige Dritte

---

53 Zur bisherigen Zurückhaltung des Senats hinsichtlich substanzieller Konkretisierungsimpulse „gerade in politisch und gesellschaftlich umstrittenen Zusammenhängen" oben Fn. 50 und 51.

54 Ein naheliegendes Problem jeder Argumentation mit Evidenz erwächst dabei aus der schlichten „Tatsache, dass verschiedene Menschen auch unter Bedingungen, die für Evidenzerlebnisse optimal sind (z. B. Emotionslosigkeit und geistige Klarheit), verschiedene Bewertungen als evident erleben" (*Alexy*, Theorie der Grundrechte, 1994, S. 136 f.); vgl. auch *Popper*, Die offene Gesellschaft und ihre Feinde, Band II, 8. Auflage 2003, S. 22 f.

geladen.[55] Sie beantworteten Fragen nach der Praxis zur kurzfristigen Änderung von Tagesordnungspunkten, nach Gründen für kurzfristig terminierte Anhörungen im Ausschuss, zur Terminierung von Ausschussanhörungen vor Kenntnis des Inhalts des Gesetzgebungsverfahrens, zur Praxis in Sachen Abstand zwischen Anhörung und Abschluss der Ausschussberatungen, zum Abschluss der Ausschussberatungen ohne Protokoll und schriftliche Unterlagen sowie ganz spezifische Fragen zu Ablauf und Dauer des Verfahrens zur Änderung des Parteiengesetzes. Hier ging es darum, ob es objektive Anhaltspunkte für eine beabsichtigte Änderung der Parteienfinanzierung vor Einbringung des Gesetzgebungsvorhabens gegeben hatte und darum, wann genau die Fraktionen erstmals Kontakt zu den von ihnen später für die Anhörung vorgeschlagenen Sachverständigen aufnahmen.

D. Fazit

Es erscheint zweifelhaft, dass die Problematik der Eilgesetzgesetzgebung mit dilatorischen Rechten verfassungsrechtlich zu lösen ist.[56]

Die akribische Sachverhaltsaufklärung des Zweiten Senats hat vor allem deutlich gemacht, dass rechtspolitisch sehr unterschiedlich eingeschätzt wird, welches Maß an Beschleunigung angemessen ist und welches nicht. Zu einer Rechtsfrage wird ein rechtspolitischer Streit aber nicht dadurch, dass die rechtspolitischen Argumente vor Gericht ausgetauscht werden.[57]

---

55 Zur späteren Änderung des Kreises der tatsächlich gehörten Auskunftspersonen siehe oben Fn. 9.

56 Bleibt der Senat seiner bisherigen Rechtsprechungslinie treu (dazu oben Fn. 50 und 51), erscheint die Annahme eher unwahrscheinlich, dass jemals Grundgesetzverletzungen durch „unangemessene Beschleunigung" festgestellt werden. Und umgekehrt: Würde der Senat seine zukünftige Formel zur Einzelfallprüfung (dazu oben Fn. 50) substanziell mit eigenen Wertungen zur politischen Zweckmäßigkeit parlamentarischer Mehrheitsentscheidungen auffüllen, ergäben sich absehbare Schwierigkeiten, die mittlerweile erreichte (BVerfGE 145, 348 [361 f. Rn. 37]) Nuancierung zwischen „politischen Mehrheitsbildungen" einerseits und „rechtlich strukturierten und gerichtlich überprüfbaren Entscheidungen" andererseits glaubhaft aufrechtzuerhalten.

57 Der Senat wird nicht darauf verzichten können, den Gestaltungsspielraum des Deutschen Bundestages bei der Bestimmung der Verfahrensabläufe im Parlament im Grundsatz zu gewährleisten. Als justiziable Grenze bietet sich vor dem Hintergrund der bisherigen Rechtsprechungslinie zwar ein „Missbrauchsverbot" an (vgl. Fn. 50), dessen Merkmal der subjektiven Vorwerfbarkeit jedoch kaum je ernsthaft im Raume stehen dürfte. Falls der Senat darüber hinaus beabsichtigen sollte, auch „Sachgründe" für die Verfahrensgestaltung im Einzelfall „kontrollieren" zu wollen, dürfte dies sowohl

Die Idee verfassungsunmittelbarer dilatorischer Rechte, die ungeschrieben sind,[58] in ihrer Tatbestandsstruktur noch unbekannt, mit Blick auf ihre Rechtsfolgen von umfangreichen Abwägungen abhängig und die ohne begleitendes Verfahrensrecht daherkommen, birgt große Risiken für die Funktionsfähigkeit des Deutschen Bundestages und für das Verhältnis zwischen Verfassungsgericht und Deutschem Bundestag. Es kann nicht im Sinne des Zweiten Senats sein, das Organstreitverfahren zukünftig zur Fortsetzung der Geschäftsordnungsdebatten mit anderen Mitteln auszubauen. Die demokratische Verantwortung für die Gestaltung seiner Arbeitsabläufe trägt bislang der Deutsche Bundestag. Er gibt sich seine Geschäftsordnung. Und er verantwortet auch deren Anwendung. Ungeschriebene dilatorische Rechte, die unmittelbar der Verfassung entnommen werden und die verantwortlich nur vom Zweiten Senat formuliert werden können, würden zu Mischverantwortung im Bereich der Gesetzgebung führen, die weder die Transparenz des Regelwerks erhöht noch die Verantwortungszusammenhänge gegenüber den Bürgerinnen und Bürgern klarer als bisher ausgestaltet.[59] Dilatorische Verfahrensrechte außerhalb der Geschäftsordnung, die im

---

erhebliche Auswirkungen auf die Arbeitsweise des Parlaments haben als auch absehbar zu einer Springflut neuer Organstreitverfahren führen, die – jenseits der Schwelle des § 24 BVerfGG jeweils mit Aussicht auf mündliche Verhandlung – mancher Antragstellerin als Forum der „öffentlichen Anklage der sachgrundlos sorgfaltswidrigen parlamentarischen Mehrheit" reizvoll erscheinen dürfte.

58   Als in diesem Sinne „ungeschriebene" dilatorische Rechte wären auch solche Rechte anzusehen, die der Senat zukünftig als Fallgruppe, Ausfluss oder Ausprägung von Art. 38 Abs. 1 Satz 2 GG entwickeln könnte. Denn weder gibt Art. 38 Abs. 1 Satz 2 GG belastbare Hinweise darauf, was „unangemessen" eilig sein könnte, noch würde eine verfassungsgerichtliche Konkretisierung spürbar helfen, die gewährleistet, dass sich Mitglieder des Bundestages zukünftig „ausreichend", „hinreichend" oder dergestalt zunächst in eine Materie einarbeiten dürfen, dass sie anschließend „gleichberechtigt teilnehmen" können an der parlamentarischen Debatte.

59   Die Wichtigkeit von Klarheit und Eindeutigkeit der Regeln des Gesetzgebungsverfahrens kann nicht unterschätzt werden: Existierende Mitwirkungs- und Beteiligungsrechte müssen den Mitgliedern des Deutschen Bundestages und den Fraktionen bekannt sein, damit politische Verantwortung *wahrgenommen* und von der Öffentlichkeit *kontrolliert* werden kann. Parlamentarische Gestaltungs*optionen* und deren *Rechtsfolgen* werden deshalb im parlamentarischen Verfahren (mit Blick auf die Funktions- und Handlungsfähigkeit des Parlaments) nicht von bloßen „Anhaltspunkten" abhängig gemacht. Die Mitwirkungs- und Beteiligungsrechte haben *klare* (und deshalb gut operationalisierbare) Tatbestände und eindeutige Rechtsfolgen.

Rang des Grundgesetzes stünden, brächten eine Versteinerung wichtiger Fragen der parlamentarischen Abläufe.

So nachvollziehbar es ist, dass um das angemessene Maß an Beschleunigung im Gesetzgebungsverfahren stets neu[60] gerungen werden muss, so fern scheint es, hier eine Lösung in Gestalt bilanzierender Gesamtabwägungen von der Richterbank zu erwarten.

Vielleicht sollte die Grundaussage von Art. 40 Abs. 1 Satz 2 GG, „Der Bundestag gibt sich eine Geschäftsordnung" zukünftig noch stärker akzentuiert werden. So bleibt das Parlament dauerhaft ein lernendes System, das Fehler abstellen kann und der Öffentlichkeit gegenüber demokratische Verantwortung trägt. Dilatorische Rechte, die wie Meteoriten von außen in die parlamentarische Arbeit einschlagen, scheinen hier Fremdkörper zu sein.

Ich möchte zum Abschluss nicht unerwähnt lassen, wie die Einschätzung der Ersten Parlamentarischen Geschäftsführer und Parlamentarier in der mündlichen Verhandlung ausfiel. Obwohl die Vertreter der Fraktionen BÜNDNIS 90/ DIE GRÜNEN, FDP und DIE LINKE in der Geschäftsordnungsdebatte überstimmt worden waren und auch in Karlsruhe rechtspolitisch weiterhin scharfe Kritik am eiligen Vorgehen der Regierungskoalition formulierten, vertrat niemand aus diesem Kreis der überstimmten Parlamentarier die Rechtsansicht, in dilatorischen Verfassungsrechten verletzt zu sein. Obwohl die Oppositionsfraktionen mit ihrem Normenkontrollantrag die materielle Verfassungswidrigkeit des Gesetzes feststellen lassen wollen, wehrten sie sich gegen die Vorstellung des Senats, die Eilgesetzgebung könnte zur formellen Verfassungswidrigkeit führen. Niemand teilte das Evidenzerlebnis der Antragstellerin des Organstreitverfahrens. Auch nicht auf wiederholte Nachfrage des Berichterstatters. Eine Parlamentarierin erwiderte eindeutig: „Sie haben den falschen Fall."

Nachtrag nach Urteilsverkündung am 24. Januar 2023

Innerhalb des Zweiten Senats hat sich keine Mehrheit dafür gefunden, den bisherigen weiten Gestaltungsspielraum des Deutschen Bundestages zukünftig stärker als bisher zu begrenzen.[61] Die verfassungsrechtlichen Maßstäbe, die der zeitlichen und organisatorischen Ausgestaltung des Gesetzgebungsverfahrens Grenzen setzen, bleiben inhaltlich unverändert. Der Senat wiederholt seine

---

60 Vgl. oben Fn. 38.

61 BVerfG, Urteil des Zweiten Senats vom 24. Januar 2023 – 2 BvE 5/18; BVerfG, Urteil des Zweiten Senats vom 24. Januar 2023 – 2 BvF 2/18.

Rechtsprechungslinie zur *Einzelfallprüfung*[62] und zum *Missbrauchsverbot*[63], ohne insoweit Konkretisierungen vorzunehmen.

Bemerkenswert ist die Mitteilung des Abstimmungsergebnisses zur Frage des Verzichts auf eine abschließende Entscheidung zur formellen Verfassungsmäßigkeit des Gesetzes.[64]

---

62 Vgl. BVerfG, Urteil des Zweiten Senats vom 24. Januar 2023 – 2 BvF 2/18, Rn. 91 (unter Hinweis auf BVerfGE 145, 348 [360 Rn. 37]); dazu oben Fn. 50 und 51.

63 Vgl. BVerfG, Urteil des Zweiten Senats vom 24. Januar 2023 – 2 BvF 2/18, Rn. 96 (unter Hinweis auf BVerfGE 145, 348 [361 f. Rn. 38]) und 103; dazu oben Fn. 50 und 51.

64 Vgl. BVerfG, Urteil des Zweiten Senats vom 24. Januar 2023 – 2 BvF 2/18, Rn. 165.

Armin Steinbach

Der Gesetzgeber im Spannungsfeld zwischen Wissen und Wollen

A. Einleitung

Gesetzgebungskritik, das Klagelied über das Unvermögen des Gesetzgebers, das Raunen über den faulen Kompromiss, bis hin zur Empörung über den erratischen Politiker und dessen irrationale Politik – lautes und leises Kopfschütteln über den Gesetzgeber ist eine gesellschaftspolitische Konstante. Wenig überraschend kommt das Parlament in Umfragen vergleichsweise schlecht weg. Mehr als zwei Drittel der Deutschen vertrauen zwar der Polizei und knapp die Hälfte den Gerichten. Hingegen vertrauen nur etwa ein Drittel Bundestag und Bundesregierung. Das Vertrauen in politische Parteien ist sogar noch geringer.[1]

Auch die Rechtswissenschaft pflegt seit Jahrzehnten einen kritischen Blick auf die vom Gesetzgeber hervorgebrachten Produkte. Der in Systemkonformität, schlüssiger Dogmatik, kohärenter Rechtssatzbildung geschulte Rechtswissenschaftler reibt sich an dem scheinbaren Unvermögen des Gesetzgebers[2], auch wenn ihm dessen einfachgesetzliche – gerade auch die unzureichend formulierten, widersprüchlichen – Kreationen als dauerhaft sprudelnde Quelle an Zulieferungen für die dogmatische Verarbeitung dienen. Ein idealer Gesetzgeber würde der Rechtswissenschaft einen erheblichen Teil ihrer Beschäftigung entziehen. Gesetzgebungslehre ist somit so alt wie die Gesetzgebungskritik. Vielfach sind in der Literatur Anläufe unternommen worden, die notorisch unzulänglichen Gesetzesprodukte durch ein strenges Pflichtenheft auf ein Optimum der Gesetzesproduktion zu heben, um die Gesetze somit an denjenigen Gütestandard

---

1   *Bertelsmann-Stiftung*, Schwindendes Vertrauen in Politik und Parteien. Eine Gefahr für den gesellschaftlichen Zusammenhalt?, Gütersloh Januar 2019, S. 8 (verfügbar unter https://www.bertelsmann-stiftung.de/en/publications/publication/did/schwindendes-vertrauen-in-politik-und-parteien).

2   *Maihofer, Werner*, Gesetzgebungswissenschaft, in: Winkler, Günter/Schilcher, Bernd (Hrsg.), Gesetzgebung – Kritische Überlegungen zur Gesetzgebungslehre und Gesetzgebungstechnik, Wien 1981, S. 3–34, 3; *Öhlinger, Theo*, Das Gesetz als Instrument gesellschaftlicher Problemlösung und seine Alternativen. Skizzen zu einer Grundfrage der Gesetzgebungstheorie, in: ders. (Hrsg.), Methodik der Gesetzgebung – Legistische Richtlinien in Theorie und Praxis, Wien 1982, S. 15–49, 26.

heranzuführen, der in den Augen des Rechtswissenschaftlers den Anforderungen gerecht wird.

Nicht, dass die Rechtswissenschaft sich rasch einig gewesen wäre, was denn eine „gute Gesetzgebung" ausmache und ob sich diese gar zu einer verfassungsrechtlichen Pflicht verdichten ließe.[3] Der Blick ins Grundgesetz gibt wenig Greifbares, um dem inneren Gesetzgebungsverfahren, also den Anforderungen, die jenseits der staatsorganisationsrechtlich vorgegebenen Verfahrensschritte des Gerinnungsprozesses gelten – von der Gesetzesvorlage (Art. 76 Abs. 1 GG) bis zum Gesetz (Art. 76 Abs. 2 und 3 GG) – eine verfassungsrechtlich determinierte Kontur zu geben. Positivrechtliche Regelungsdürre ist der Verfassungsrechtler gewohnt und hat ihn nicht davon abgehalten, Optimierungsgebote aus einer Vielfalt an verfassungsrechtlichen Grundlagen abzuleiten – etwa aus allgemeinen Grundsätzen wie dem Rechtsstaatsgebot[4], dem Übermaßverbot[5], aus dem Demokratieprinzip[6], dem Gemeinwohlprinzip[7], auch die Auslegungsmethoden werden herangezogen[8], ebenso wie das

---

3 Zur Entstehung der Gesetzgebungslehre vgl. nur *Meßerschmidt, Klaus*, Gesetzgebungslehre zwischen Wissenschaft und Politik – Entwicklungstendenzen der Legisprudenz – Teil 1, Zeitschrift für das Juristische Studium 2008, S. 111–122, 111 ff.; zu Optimierungsvorstellungen im öffentlichen Recht allgemein *Heinz, Vanessa*, Der Schleier des Nichtwissens im Gesetzgebungsverfahren, Baden-Baden 2009, S. 241; *Lerche, Peter*, Die Verfassung als Quelle von Optimierungsgeboten?, in: Burmeister, Joachim/Stern, Klaus (Hrsg.), Verfassungstaatlichkeit – Festschrift für Klaus Stern zum 65. Geburtstag, München 1997, S. 197–209, 203.

4 *Joel Reyes y Ráfales, Francisco*, Das Umschlagen von Rationalitätsdefiziten in Verfassungsverletzungen am Beispiel des Atomausstiegs, Der Staat 52 (2013), S. 597–629, 601; *Schwerdtfeger, Gunther*, Optimale Methodik der Gesetzgebung als Verfassungspflicht, in: Stödter, Rolf/Thieme, Werner (Hrsg.), Hamburg, Deutschland, Europa – Beiträge zum deutschen und europäischen Verfassungs-, Verwaltungs- und Wirtschaftsrecht: Festschrift für Hans Peter Ipsen zum 70. Geburtstag, Tübingen 1977, S. 173–188, 177; *Löwer, Wolfgang*, Cessante ratione legis cessat ipsa lex – Wandlung einer gemeinrechtlichen Auslegungsregel zum Verfassungsgebot?, Berlin 1989, S. 13.

5 *Lienbacher, Georg*, Rationalitätsanforderungen an die parlamentarische Rechtsetzung im demokratischen Rechtsstaat, VVDStRL 71 (2012), S. 7–82, 17.

6 *Joel Reyes y Ráfales, Francisco*, Das Umschlagen von Rationalitätsdefiziten in Verfassungsverletzungen am Beispiel des Atomausstiegs, Der Staat 52 (2013), S. 597–629, 625.

7 *von Arnim, Hans-Herbert*, Staatslehre der Bundesrepublik Deutschland, München 1984, S. 211 ff., 232 ff.

8 *Häberle, Peter*, Diskussionsbeitrag, VVDStRL 71 (2012), S. 88.

Verhältnismäßigkeitsprinzip[9] oder das Willkürverbot[10].[11]

Auf diesem reichhaltigen Boden gedieh ein Pflichtenheft für den Gesetzgeber, das diesen nicht nur zu dauerhaften, verständlichen, präzisen, rechtslogischen und auch sonst rechtlich stimmigen Gesetzen[12], sondern auch zu fundierten Sachverhaltsuntersuchungen[13], belastbaren Prognosen[14] oder zur Berücksichtigung empirischer Erkenntnisse[15] verpflichten sollte. Das Bundesverfassungsgericht ist dem nur punktuell gefolgt, hat dem Gesetzgeber aber zum Beispiel eine Rechtfertigungspflicht auferlegt, wenn er von einfachgesetzlich getroffenen Grundentscheidungen abweichen will.[16] Immer häufiger findet sich in diesem Pflichtenheft auch die Forderung nach Gesetzesfolgenabschätzungen.[17] Sie ist eine Reaktion auf die wiederkehrende Kritik an der Leistungsfähigkeit von

---

9   *Grimm, Dieter*, Diskussionsbeitrag, VVDStRL 71 (2012), S. 85; *Herdegen, Matthias*, Staat und Rationalität – Zwölf Thesen, Paderborn 2010, S. 59.

10 *Heckmann, Dirk*, Geltungskraft und Geltungsverlust von Rechtsnormen – Elemente einer Theorie der autoritativen Normgeltungsbeendigung, Tübingen 1997, S. 266.

11 Enumerativ schon in *Steinbach, Armin*, Rationale Gesetzgebung, Tübingen 2017, S. 5.

12 *Lücke, Jörg*, Die Allgemeine Gesetzgebungsordnung – Zu den verfassungsimmanenten Grundpflichten des Gesetzgebers und der verfassungsrechtlichen Notwendigkeit ihrer gesetzlichen Konkretisierung und Ausgestaltung, Zeitschrift für Gesetzgebung 2001, S. 1–49, 1 ff.; für einen Überblick über die Pflichtenlage vgl. *Smeddinck, Ulrich*, Integrierte Gesetzesproduktion – Der Beitrag der Rechtswissenschaft zur Gesetzgebung in interdisziplinärer Perspektive, Berlin 2006, S. 215 f.

13 *Lücke, Jörg*, Die Allgemeine Gesetzgebungsordnung – Zu den verfassungsimmanenten Grundpflichten des Gesetzgebers und der verfassungsrechtlichen Notwendigkeit ihrer gesetzlichen Konkretisierung und Ausgestaltung, Zeitschrift für Gesetzgebung 2001, S. 1–49, 26.

14 BVerfGE 39, 210, 226; 50, 290, 332; dazu auch *Steinbach, Armin*, Gesetzgebung und Empirie, Der Staat 54 (2015), S. 267–289, 268 ff.

15 *Herdegen, Matthias*, Staat und Rationalität – Zwölf Thesen, Paderborn 2010, S. 59, 77; *Smeddinck, Ulrich*, Integrierte Gesetzesproduktion – Der Beitrag der Rechtswissenschaft zur Gesetzgebung in interdisziplinärer Perspektive, Berlin 2006, S. 215.

16 BVerfGE 122, 210, 231.

17 Vgl. bereits *König, Klaus*, Evaluation als Kontrolle der Gesetzgebung, in: König, Klaus/ Schreckenberger, Waldemar/Zeh, Wolfgang (Hrsg.), Gesetzgebungslehre: Grundlagen, Zugänge, Anwendung, Stuttgart 1986, S. 96–108, 96 f.; aus jüngerer Zeit *van der Meulen, Dirk H.*, The Use of Impact Assessments and the Quality of Legislation, The Theory and Practice of Legislation 1 (2013), S. 305–325, 305; *Karpen, Ulrich*, Gesetzgebung im Rechtsvergleich, in: Kluth, Winfried/Krings, Günter (Hrsg.), Gesetzgebung – Rechtssetzung durch Parlamente und Verwaltungen sowie ihre gerichtliche Kontrolle, Heidelberg 2014, § 7, Rn. 91 ff.

Parlamenten und den Umsetzungsschwächen und Implementierungsdefiziten einer finalen Programmierung von Gesetzen.[18] Für einige ist es von dort nur noch ein kleiner Schritt zu einer „Pflicht zum guten Gesetz"[19]. Geradezu abwegig widmen sich einige sogar der Frage, ob es so etwas wie eine „Rationale Gesetzgebung"[20] geben könne.

Nüchterne Betrachter haben hingegen dem Antrieb widerstehen können, aus vagen verfassungsrechtlichen Prinzipien harte Pflichten abzuleiten – der Gesetzgeber „schulde nur das Gesetz"[21], die Rede könne allenfalls von „Klugheitsgeboten" sein.[22] Ob als Obliegenheit des Gesetzgebers[23] oder als Evidenzmechanismus zur Vermeidung „wesentlicher Fehler"[24] geht es ihnen um eine allenfalls lockere Einhegung des Gesetzgebers.[25]

Aufbauend auf der langjährigen Debatte um die Güte von Gesetzgebung interessiert sich dieser Beitrag für das Verhältnis von verfassungsrechtlichen Vorgaben und realen Handlungsmodi der Gesetzgebungsakteure. Der Beitrag steuert auf zwei Erkenntnisbeiträge zu: Erstens will er herausarbeiten, dass die verfassungsrechtlich gewünschte Perspektivenverschränkung der Gesetzgebungsakteure zu vielfältigen Spannungen unter den Akteuren führen kann

---

18 *van der Meulen, Dirk H.*, The Use of Impact Assessments and the Quality of Legislation, The Theory and Practice of Legislation 1 (2013), S. 305–325, 305; *Edinger, Florian*, Folgenabschätzung und Evaluation von Gesetzen: Zwischenbilanz aus parlamentarischer Sicht, Zeitschrift für Gesetzgebung 2004, S. 149–165, 149.

19 *Burghart, Axel*, Die Pflicht zum guten Gesetz, Berlin 1996.

20 *Steinbach, Armin*, Rationale Gesetzgebung, Tübingen 2017.

21 Vgl. nur *Schlaich, Klaus*, Die Verfassungsgerichtsbarkeit im Gefüge der Staatsfunktionen, VVDStRL 39 (1981), S. 99–146, 109; *Waldhoff, Christian*, „Der Gesetzgeber schuldet nichts als das Gesetz" – Zu alten und neuen Begründungspflichten des parlamentarischen Gesetzgebers, in: Depenheuer, Otto/Heintzen, Markus/Jestaedt, Matthias/Axer, Peter (Hrsg.), Staat im Wort – Festschrift für Josef Isensee, Heidelberg 2007, S. 325–343, 331.

22 *Meßerschmidt, Klaus*, Gesetzgebungsermessen, Berlin 2000, S. 877 f.; *Dann, Philipp*, Verfassungsgerichtliche Kontrolle gesetzgeberischer Rationalität, Der Staat 49 (2010), S. 630–646, 641; *Grzeszick, Bernd*, Rationalitätsanforderungen an die parlamentarische Rechtsetzung im demokratischen Rechtsstaat, VVDStRL 71 (2012), S. 49–81, 53 ff.

23 *Merten, Detlef*, „Gute" Gesetzgebung als Verfassungspflicht oder Verfahrenslast?, Die Öffentliche Verwaltung 2015, S. 349–360, 360.

24 *Horn, Hans-Detlef*, Experimentelle Gesetzgebung unter dem Grundgesetz, Berlin 1989, S. 278.

25 Zur obigen Darstellung bereits *Steinbach, Armin*, Rationale Gesetzgebung, Tübingen 2017, S. 3 ff.

(Abschnitt IV.): Sie sind Quelle des Unbehagens, das durch Defizite im Gesetzgebungsverfahren hervorgerufen wird – etwa die Empörung über vorenthaltenes Wissen, unzumutbare Fristen oder unzureichende Beteiligungen. Was verfassungsrechtlich als Verschränkung gewollt ist, bewirkt Reibungs- und Konfliktpunkte, die ihrerseits verfassungsrechtliche Spannungslagen erzeugen. Zweitens soll der Gesetzgeber als monolithischer Akteur hinterfragt werden (V.). Die zeitliche Zweiteilung in einen ministerialen und einen parlamentarischen Verfahrensabschnitt ist wohl bekannt. Dieser Artikel will aber die unterschiedlichen Handlungs- und Funktionslogiken betonen, die in beiden Lagern vorherrschen und daraus Konsequenzen für deren Umgang mit rationalitätssteigerndem Wissen ableiten. Eingebettet sind diese Beiträge in den erweiterten Kontext der Rationalitätsfrage des Gesetzgebers. Die verfassungsrechtlichen Erwartungen an einen vernünftigen Gesetzgeber sind beschränkt. In einer demokratischen Grundordnung, deren zentraler Bestandteil der Kompromiss das Beweiszeichen einer Verfassung als Konflikt- und Kompromissordnung ist, schirmt das Demokratieprinzip irrationale Gesetze großzügig ab. Unterhalb der Schwelle verfassungsrechtlich verdichteter Überprüfbarkeit hat die Regierung in kluger Selbstverpflichtung in den letzten Jahren begonnen, Ansätze einer Evaluierungskultur von Gesetzen zu entwickeln und Wert auf legistische Fähigkeiten seines Gesetzgebungspersonals zu legen.

B. Kaum Rationalitätsvorgaben im Grundgesetz

Verfassungsrechtliche Vorgaben für das Gesetzgebungsverfahren sind dünn gesät. Wenn überhaupt finden sich im Grundgesetz Vorgaben zum *äußeren* Gesetzgebungsverfahren – geregelt werden allein der Ablauf des Verfahrens und die Beteiligung der Staatsorgane am Zustandekommen der Gesetze. Dessen Feinjustierung wird der Geschäftsordnung des Bundestages überlassen, die Rechtswirkung jedoch nur im Innenverhältnis entfaltet. Genannt wird die „Gesetzesvorlage" als das Abschlussprodukt der Gesetzgebung (Art. 76 Abs. 1 GG) – wie die Vorlage dorthin gelangt, ergibt sich aus der GGO der Bundesministerien, die ihrerseits keine Rechtswirkung entfaltet. Vorgaben zu Zuleitungspflichten komplettieren das dürre Gerüst (Art. 76 Abs. 2 S. 1, Abs. 3 S. 1 GG). Das *innere* Gesetzgebungsverfahren, d. h. der Prozess der Entscheidungsfindung hingegen ist im Grundgesetz nicht ausdrücklich geregelt.[26]

---

26 *Schlaich, Klaus/Korioth, Stefan*, Das Bundesverfassungsgericht – Stellung, Verfahren, Entscheidungen, 10. Aufl., München 2015, Rn. 542; *Hölscheidt, Sven/Menzenbach,*

Das heißt nicht, dass die verfassungsrechtliche Stimulanz für verhaltensge-
bundene Pflichten des Gesetzgebers gleich Null wäre. Nehmen wir als Beispiel
den stetig virulenten Diskurs über evidenzbasierte Politik. Muss der Gesetzgeber die Effektivität seiner Gesetze absichern? Eine solche Pflicht kann einzel-
fallbezogen aus dem Verhältnismäßigkeitsgrundsatz und den Grundrechten zu
entnehmen sein. Zweifelsohne wirkt der Verhältnismäßigkeitsgrundsatz mit
Inkrafttreten des Gesetzes wie ein Zeitstrahl, der erst bei Außerkrafttreten des
Gesetzes seine Rechtswirkung verliert. Die Aufrechterhaltung eines Grund-
rechtseingriffs auch über das Inkrafttreten des Gesetzes hinaus muss verhältnis-
mäßig sein. Ein Gesetz, das sein gesetzgeberisches Ziel nicht erreicht, ist unter
dem Gesichtspunkt der Verhältnismäßigkeit ein Problem – der gesetzgeberischen Maßnahme geht die Geeignetheit zur Erreichung des Gesetzeszwecks verloren. Der Gesetzgeber hat sich hier mitunter sensibel gezeigt. Beispielsweise sind
im Terrorismusbekämpfungsgesetz, das die Ermittlungsbefugnisse von Polizei
und Nachrichtendiensten in grundrechtssensibler Art erweiterte[27], Berichts-
und explizite Evaluationspflichten geschaffen worden. Hier greifen auch nach
Inkrafttreten des Gesetzes die Maßgaben der jeweiligen Prüfungsstufen der Verhältnismäßigkeit: Die Geeignetheit sicherheitsbehördlicher Instrumente muss
berücksichtigen, dass sich die Zielpersonen der Überwachungsmaßnahmen
ihrerseits moderner Techniken bedienen. Damit stellt sich die Frage, ob mit den
gesetzlich zur Verfügung stehenden Mitteln überhaupt ermittlungsrelevante
Ergebnisse erzielt werden können, die einen Grundrechtseingriff (etwa in das
Telekommunikationsgeheimnis, die Unverletzlichkeit der Wohnung und das
Recht auf informationelle Selbstbestimmung) rechtfertigen könnten[28] – hier ist
die technische Entwicklung der Überwachungs- und Abwehrmaßnahmen ein in

---

Steffi, Das Gesetz ist das Ziel: Zum Zusammenhang zwischen gutem Verfahren und
gutem Gesetz, Die Öffentliche Verwaltung 2008, S. 139–145, 139 ff.; *Hoffmann,
Gerhard*, Das verfassungsrechtliche Gebot der Rationalität im Gesetzgebungsverfahren, Zeitschrift für Gesetzgebung 1990, S. 97–116, 98; *Schulze-Fielitz, Helmuth*, Theorie
und Praxis parlamentarischer Gesetzgebung – Besonders des 9. Deutschen Bundestages (1980–1983), Berlin 1988, S. 177.

27 Dazu nur *Hoffmann-Riem, Wolfgang*, Freiheit und Sicherheit im Angesicht terro-
ristischer Anschläge, Zeitschrift für Rechtspolitik 2002, S. 497–501, 500; *Schulze-
Fielitz, Helmuth*, Innere Sicherheit: Terrorismusbekämpfung auf Kosten der Freiheit?,
in: Adolf-Arndt-Kreis (Hrsg.), Sicherheit durch Recht in Zeiten der Globalisierung,
Bd. 1, Berlin 2003, S. 25–39, 37 f.

28 *Albers, Marion*, Evaluation sicherheitsbehördlicher Kompetenzen: Schritte von der symbolischen Politik zum lernenden Recht, Verwaltungsarchiv 99 (2008), S. 481–508, 488.

der Realwelt liegender Anlass, der Rückwirkungen hat auf die gesetzgeberische Pflicht, die Verhältnismäßigkeit seiner Gesetze dauerhaft zu sichern. Auch die Erforderlichkeitsprüfung ist betroffen: Ergeben sich technische Möglichkeiten der Überwachung, die die betroffenen Grundrechte bei gleicher Geeignetheit weniger intensiv beschneiden, müsste der Gesetzgeber hierauf mit einer Revision der ursprünglichen Maßnahmen reagieren.[29] Nichts anderes gilt für die Notwendigkeit, vor Verabschiedung des Gesetzes eine prospektive Gesetzesfolgenabschätzung zu unternehmen, die eine dynamische Entwicklung der Beziehung zwischen Eingriff, technischer Entwicklung und Rechtfertigung antizipieren kann. Deshalb wird mitunter auch eine verfassungsrechtliche Verpflichtung zur experimentellen Gesetzgebung oder prospektiven Gesetzfolgenabschätzung diskutiert.[30] Ergo: Eine verfassungsrechtliche Stimulanz ergibt sich im Zusammenwirken von Grundrechtseingriff und Verhältnismäßigkeit.

C. Der faule Kompromiss

Verlassen wir die Einzelfallebene, auf der sich Grundrechte und Verhältnismäßigkeit zu bestimmten Verhaltenspflichten verdichten können – konkret etwa die Pflicht, die Tatsachengrundlage der gesetzgeberischen Entscheidung belastbar zu machen, Prognosen im Rahmen des Zumutbaren zu stabilisieren, Nachforschungen anzustellen, sich mit der eigenen einfachgesetzlichen Wertung nicht in Widerspruch zu setzen, oder Evaluierungen im grundrechtssensiblen Bereich vorzusehen – und wenden uns dem schwelenden Grundkonflikt zweier verfassungsrechtlicher Strukturprinzipien zu. Die in das Gesetzgebungsverfahren verfassungsrechtlich gelegten Erwartungen lassen sich nur unter Rückbindung an die Anleitung der beiden Fundamentalprinzipien des parlamentarischen Verfassungsstaates ermitteln – Rechtsstaatsprinzip und Demokratieprinzip. Sie liegen sich fordernd, ja lauernd gegenüber, ist die Beute des einen doch der Verlust des anderen.[31] Es liegt nahe, hierin eine Opposition der Strukturprinzipien zu sehen. Denn ihre normativen Ausgriffe auf die Gesetzgebung sind doch diese: Dem Rechtsstaatsprinzip geht es um eine Rationalisierung

29 *Steinbach, Armin*, Rationale Gesetzgebung, Tübingen 2017, S. 138.
30 *Leisner, Walter*, Krise des Gesetzes – Die Auflösung des Normenstaates, Berlin 2001, S. 148 ff.
31 So die Gegensatz-These, vgl. *Steinbach, Armin*, Rationale Gesetzgebung, Tübingen 2017, S. 208.

des politischen Entscheidungsprozesses.[32] Der Rechtsstaat verlangt nach Ein-
deutigkeit, nicht nach Unsicherheit, nach Unmissverständlichkeit, nicht nach
Ambivalenz, nach Implementierbarkeit, nicht nach Ineffektivität. Seine Wirk-
kraft entfaltet das Rechtsstaatsprinzip dann dahingehend, dass der Gesetzgeber
Mindestanforderungen an die sachlich-empirische Richtigkeit, die Qualität von
Tatsachenfeststellungen und Prognosen oder die Gebote der Konsistenz und
Widerspruchsfreiheit zu beachten hat.[33]

Das Demokratieprinzip hingegen sträubt sich gegen einhegende Konsistenz-
anforderungen. Unter dem Schirm des Demokratieprinzips entfaltet sich der
politische Aushandlungsprozess, der politischen Willen – gekoppelt an Mehr-
heitserfordernisse – in geltendes Recht überführt. Es ist die politische Legitimität,
die den Gesetzen ihren Geltungsanspruch sowohl faktisch als auch rechtlich vermittelt. Akzeptanz stiftet nicht das dogmatisch lupenreine Gesetz, das politisch
ohne Anschluss bleibt; nicht das in jeder Facette konsistente und widerspruchsfreie Gesetz, das die Ausnahmen für die mehrheitsentscheidende Klientel unberücksichtigt lässt; nicht das mit allen Verbänden, allen Betroffenengruppen und
politischen Kräften ausgiebig ausgehandelte Gesetz, wenn es dadurch zu spät
den Regelungsadressaten erreicht oder in den Mühlen des Lobbyismus zerrieben
wird. Jede Rationalitätserwartung muss das gesetzgebungsspezifische Proprium
berücksichtigen – die sich im Gesetzgebungsprozess entfaltende politische Rationalität. Das Pflichtenheft und Anforderungsprofil an den Gesetzgeber lässt sich
nicht ohne ein grundlegendes Verständnis von der Eigenrationalität des Gesetzgebungsprozesses, seiner Funktion und seinem Beitrag im Gewaltenteilungs-
kontext ausbuchstabieren.

Es ist die politische Handlungslogik mit ihrer grundlegenden Orientierung
nach Gewinn und Erhalt von Macht, die das Gesetzgebungsverfahren dem
Beschluss durch Mehrheit und damit dem Erfolg des wirksamen Gesetzes
zuführt. Die politische Metrik hat mehrere Facetten: Sie betreibt den Gesetzgebungsprozess nicht als Erkenntnisprozess, in dem es um wissens- und experti-
sebasierte Problembewältigung geht. Handlung durch politischen Willen, nicht

---

32 *Löwer, Wolfgang*, Cessante ratione legis cessat ipsa lex – Wandlung einer gemeinrechtlichen Auslegungsregel zum Verfassungsgebot?, Berlin 1989, S. 13; *Schwerdtfeger, Gunther*, Optimale Methodik der Gesetzgebung als Verfassungspflicht, in: Stödter, Rolf/
   Thieme, Werner (Hrsg.), Hamburg, Deutschland, Europa – Beiträge zum deutschen
   und europäischen Verfassungs-, Verwaltungs- und Wirtschaftsrecht: Festschrift für
   Hans Peter Ipsen zum 70. Geburtstag, Tübingen 1977, S. 173–188, 177.
33 *Steinbach, Armin*, Rationale Gesetzgebung, Tübingen 2017, S. 231.

Erkenntnis durch kognitive Anstrengung ist das Ziel. Endprodukt von Gesetzgebung als Konfliktbewältigungsmechanismus ist ein im Parlament mehrheits-
fähiger und politisch hinnehmbarer Lösungsansatz, der möglichst nicht auf
Vollzugswiderstand stößt.[34] Die politische Handlungsrationalität lenkt ihre Ressourcen auf eine Aushandlungsleistung, um Verteilungsinteressen zu bedienen,
getragen von einem Gemeinwohlanspruch, der das klientelistische Interesse des
Abgeordneten nicht ausschließt, sondern zum Zwecke der Aushandlung sogar
wünschenswert erscheinen lässt (gar nicht so unähnlich zur unsichtbaren Hand
des Marktes, welche die dezentralen egoistischen Marktpartizipanten durch
Marktgleichgewichte einem Wohlfahrtsgewinn zuführt). Verfügbarkeit und Ver-
wertung von Wissen sind dafür Mittel zum Zweck, aber nicht Optimierungsge-
genstand. Mehr noch: Reale Wirkung kann nur sekundär sein, wenn das Gesetz
primär politischen Handlungswillen demonstrieren soll. Das kann notfalls
auch einen symbolisch bedeutsamen Lösungsansatz beinhalten.[35] Symbolische
Gesetze oder ihre Äquivalente – etwa das durchs Parlament gepeitschte Gesetz,
das Reaktionsvermögen demonstrieren soll – beziehen ihre politische Rationalität aus ihrer politisch-kommunikativen Wirkung, die sie zum Zwecke der Pro-
filierung und Machtsteigerung im öffentlichen Raum entfaltet. Solche Gesetze
sind nicht effektiv im Sinne der realen Umsetzung ihres Norminhalts, sondern
effektivitätsfördernd im politischen Sinne – sie erleichtern Kompromiss- und
Mehrheitsfindung unter Inkaufnahme potentieller Implementierungsdefizite,
etwa durch unbestimmte Rechtsbegriffe und inkonsistente Regel-Ausnahme-
Regime. Insoweit sind solche Normen nicht „ineffektiv" – ihre Symbolfunktion
und politische Wirkung können sie durchaus effektiv leisten.

Nicht die empirisch einwandfreie, kohärente und widerspruchsfreie Regelung, sondern der mehrheitsfähige und politisch anschlussfähige Lösungsansatz ist die gesetzgeberische Leistung. Dieser Aushandlungsprozess ist weit, aber
nicht grenzenlos. So bleibt auch das Gesetz verfassungsgerichtlich überprüfbar,
es muss sich am Grundkanon verfassungsrechtlicher Minima, insbesondere
am Verzicht auf unverhältnismäßige Grundrechtseingriffe, messen lassen. Die

---

34 *Hoffmann-Riem, Wolfgang*, Gesetz und Gesetzesvorbehalt im Umbruch – Zur Qualitäts-
Gewährleistung durch Normen, Archiv des öffentlichen Rechts 130 (2005), S. 5–70, 33;
Blum, Peter, Wege zu besserer Gesetzgebung – sachverständige Beratung, Begründung,
Folgeabschätzung und Wirkungskontrolle – Gutachten I für den 65. Deutschen Juris-
tentag, in: Ständige Deputation des Juristentages (Hrsg.), Verhandlungen des 65. Deutschen Juristentages, Bonn 2004, I, Gutachten, München 2004, S. 39 f.
35 *Steinbach, Armin*, Rationale Gesetzgebung, Tübingen 2017, S. 152.

Figur der gesetzgeberischen Einschätzungsprärogative ist die Konsequenz der politischen Rationalität: Indem das Gericht sich auf rechtlich beantwortbare und somit überprüfbare Fragen beschränkt – nicht auf das dem Wertungsstreit der politischen Gesetzgebungsakteure überlassene Proprium[36], genauso wenig wie auf das technisch-komplexe Proprium der Verwaltung[37] –, anerkennt das Gericht die Gesetzgebung als einen im Kern politischen Vorgang. Eine sachlich-inhaltlich adäquate Lösung tritt hinter der pragmatischen Problembewältigung unter dem Gesichtspunkt politischer Profilierungsmöglichkeiten zurück. Es geht nicht darum, Probleme zu lösen, sondern sie in einem Umfeld gegenläufiger Interessen handhabbar zu machen.[38]

Nichts verkörpert den konsistenzfeindlichen, logikbruchaffinen, systemwidrigen Charakter des Gesetzgebungsprozesses mehr als der Kompromiss. Vielfach gescholten als Wurzel allen Übels, Quelle aller Widersprüche[39], verkennt die Kritik doch die Rolle der Verfassung als Konflikt- und Kompromissrecht. Unsachlichkeit, Ineffektivität, Ineffizienz, Symbolcharakter – derartige „Mängel" machen das Kompromissgesetz an sich noch nicht verfassungswidrig. Im Gegenteil: Politische Kompromisse haben eine wichtige Funktion in einer Verfassung der Konfliktordnung. Eine pluralistische Interessenlage entfaltet produktive Kraft im demokratischen Verfassungsstaat, in dem der Kompromiss dazu dient, einen Ausgleich der Interessen zu erzielen und die Entscheidungsfähigkeit des Gesetzgebers zu erhalten. Das politisch Machbare und Opportune sind die ausschlaggebenden Orientierungspunkte für das Zustandekommen eines Kompromisses – nicht das inhaltlich Richtige. Politischer Kompromissdruck kann dann zu ineffektiven, unbestimmten, schwer umsetzbaren Regelungen führen.[40] Seine Wesensart liegt gerade darin, dass auch vorläufige, fehlerhafte oder bruchstückhafte Regelungen verabschiedet werden, sofern diese dem Akteur

---

36 *Grimm, Dieter*, Verfassungsgerichtbarkeit, Berlin 2021, S. 149.
37 BVerfGE 84, 34; vgl. auch BVerfGE 129, 1 (Rn. 74); BVerwG, NVwZ 2014, S. 450 (Rn. 15); BVerwG, NVwZ 2015, S. 823 (Rn. 20).
38 *Beck, Ulrich*, Die „Verwendungstauglichkeit" sozialwissenschaftlicher Theorien – Das Beispiel Bildungs- und Arbeitsmarktforschung, in: ders. (Hrsg.), Soziologie und Praxis – Erfahrungen, Konflikte, Perspektiven, Göttingen 1982, S. 369–396, 392.
39 *Margalit, Avishai*, Über Kompromisse und faule Kompromisse, 2011, S. 12.
40 *Mayntz, Renate*, Lernprozesse: Probleme der Akzeptanz von TA bei politischen Entscheidungsträgern, in: Dierkes, Meinolf/Petermann, Thomas/von Thienen, Volker (Hrsg.), Technik und Parlament – Technikfolgen-Abschätzung, Konzepte, Erfahrungen, Chancen, Berlin 1986, S. 183–203, 186; *Scherzberg, Arno*, Die Öffentlichkeit der Verwaltung, Baden-Baden 2000, S. 104.

einen politischen Nutzen stiften. Die dürren Vorschriften im Grundgesetz zum Gesetzgebungsverfahren führen die „Gesetzesvorlage" (Art. 76 Abs. 1 GG) durch iterative Befassungen der Organe (Art. 76 Abs. 2 und 3, 77 Abs. 2–4 GG) ihrem Beschluss (Art. 78 Abs. 1 GG) zu. Auf diesem Konvergenzprozess durch die Organe werden Polarisierungen auf ein Maß eingeebnet, das die Hürde der Mehrheitsfähigkeit nimmt – Konsens ist nicht das Ziel. Dieser Konvergenzprozess entfaltet sich instrumentell im Wege der gegenseitigen Zugeständnisse. Reziprozitätserwartungen sind dem gesetzgeberischen Aushandlungsprozess also immanent. Sie kommen sowohl zwischen Koalitionsparteien, zwischen Regierung und Regierungsfraktionen wie auch im Verhältnis zwischen Regierung und Opposition und insbesondere angesichts der Möglichkeit parlamentarischer Mehrheitswechsel zum Tragen. Die Techniken der Reziprozität variieren, folgen aber demselben Grundschema. Tauschhandel in Gestalt von Koppelgeschäft oder die Kompensation der nachgebenden Verhandlungspartei durch Ausgleichszahlungen charakterisieren diesen Konvergenzprozess. Häufig wird die Zustimmung zu einem Gesetz zum Preis für anderweitiges oder früheres Entgegenkommen gemacht oder damit eine Vorleistung in Erwartung auf späteres Entgegenkommen getätigt („log-rolling"). Dann sind sachfremde Kopplungsgeschäfte die Regel.[41] Zeitliche und inhaltliche Verknüpfung von Gesetzesmaterien beeinflussen die Verhandlungsmasse für Kompromissbildung. Insbesondere in Gestalt der sog. Omnibusgesetze werden unterschiedliche Materien in Artikelgesetzen gebündelt und können damit zum Gegenstand eines Kompromisses werden, der verschiedene, sachlich nicht zusammenhängende Themen umfasst.[42] Die Heterogenität solcher Artikelgesetze fördert Kompromisse mithin nicht in sachlicher Weise, vergrößert aber die Kompromisschancen.[43]

Kompromisszwang durchzieht den Gesetzgebungsprozess: Schon bevor eine Gesetzesinitiative nach Art. 76 Abs. 1 GG durch die Bundesregierung oder den Bundesrat eingebracht wird, setzt dies ein Mindestmaß an Kompromisshaftigkeit der Gesetzesvorlage voraus, damit diese überhaupt an Fahrt aufnimmt. Bereits die Gesetzesvorlage muss vor einer Weiterleitung einen partei- und

---

41 *Steinbach, Armin*, Rationale Gesetzgebung, Tübingen 2017, S. 222.

42 *Smeddinck, Ulrich*, Gesetzgebungsmethodik und Gesetzestypen, in: Kluth, Winfried/ Krings, Günter (Hrsg.), Gesetzgebung – Rechtsetzung durch Parlamente und Verwaltungen sowie ihre gerichtliche Kontrolle, Heidelberg 2014, § 3, Rn. 73 ff.; zum in der Politikwissenschaft entwickelten Begriff des „logrollings" vgl. nur *von Beyme, Klaus*, Der Gesetzgeber – Der Bundestag als Entscheidungszentrum, Opladen 1997, S. 33.

43 *Schulze-Fielitz, Helmuth*, Theorie und Praxis parlamentarischer Gesetzgebung – Besonders des 9. Deutschen Bundestages (1980–1983), Berlin 1988, S. 415.

sachpolitischen Kompatibilitätsprozess durchlaufen haben, um überhaupt den Entwurf der Gesetzesvorlage in Gang zu setzen. Koalitionsvertrag, dann Koalitionsausschuss, dann Gesetzgebungsverfahren – diese Reihenfolge ist nicht zwingend, aber typisch. Bevor ein Regierungsgesetz den Bundestag erreicht, zwingt die Logik des Ressortprinzips zu Kompromissen – intra-ministeriell zwischen Referaten einer Abteilung, dann zwischen den Abteilungen, inter-ministeriell zwischen den Ressorts: hier läuft der Kompromisszwang nicht allein nach einer Sachlogik, sondern aufgrund der involvierten „Farben" unterschiedlicher Ressorts auch auf Ebene politischer Verteilungsfragen. Sofern Gesetzesentwürfe auch unter Beteiligung der Öffentlichkeit betrieben werden (§ 47 GGO), können hier Kompromisserfordernisse aus antizipiertem (Vollzugs-)Widerstand der Regelungsadressaten resultieren. Der vom Kabinett verabschiedete Referentenentwurf ist somit schon das Resultat vielfacher politischer und sachlicher Kompromisse, was sich anschließend in den kontradiktorisch angelegten Verfahrensstufen des parlamentarischen Teils der Gesetzgebung fortsetzt.[44]

Anerkennt man den politischen Kompromiss mit all seinen vermeintlichen Unzulänglichkeiten als Ausdruck der Verfassungsordnung, lässt sich auch die Gegensätzlichkeit von Demokratieprinzip und Rechtsstaatsprinzip nicht aufrechterhalten. Die Verfassung ist kompromissfreundlich. „Second best"-Lösungen sind verfassungsrechtlich nicht zu beanstanden. Vielmehr entsprechen solche Lösungen den Eigengesetzlichkeiten des politischen Handelns in einem pluralisierten Kontext häufig eher als Lösungen in Orientierung an Idealmodellen rationalen Entscheidens. Jedenfalls akzeptieren die von der Verfassung vorgesehenen Rahmenbedingungen für die parlamentarische Entscheidung eine politische Rationalität, die sich maßgeblich auch an der politischen Machbarkeit orientiert und über den Kompromiss ein Instrument zur Realisierung des politischen Gestaltungsanspruchs einsetzt.[45]

---

44 *Schulze-Fielitz, Helmuth*, Theorie und Praxis parlamentarischer Gesetzgebung – Besonders des 9. Deutschen Bundestages (1980–1983), Berlin 1988, S. 414 f.; zur sozialen Funktion von Öffentlichkeit im Hinblick auf die Offenlegung von Differenzen vgl. *Scherzberg, Arno*, Die Öffentlichkeit der Verwaltung, Baden-Baden 2000, S. 187.

45 *Steinbach, Armin*, Rationale Gesetzgebung, Tübingen 2017, S. 233.

D. Perspektivenverschränkungen: Rationalisierung und Spannungen

Das Unbehagen über die Güte unserer Parlamentsprodukte rührt aus Spannungs- und Konkurrenzverhältnissen, die auf verfassungsrechtlich in die Gesetzgebungsprodukte eingravierte Perspektivenverschränkungen zurückgehen. Perspektivenverschränkungen in Gestalt von institutioneller Differenzierung und Spezialisierung lassen sich schlüssig aus Fundamentalprinzipien ableiten: Die rechtsstaatlich verordnete Gewaltenteilung verinnerlicht Perspektivenverschränkung durch das gegenseitige Kontrollieren. Checks-and-balances verhindert dominante Akteure, zwingt zur Alternativbetrachtung und erkennt spezialisierte Fähigkeit und mit ihr ein variables Leistungserbringungspotential der unterschiedlichen Gewalten an. Ein funktional-differenziertes Gewaltenteilungsverständnis verinnerlicht auch das BVerfG, paradigmatisch zum Ausdruck gebracht bei der Überprüfung von Verwaltungsentscheidungen, wenn das Gericht angesichts „hoher Komplexität" und der „besonderen Dynamik der geregelten Materie"[46] Asymmetrien in funktionaler Fähigkeit aufdeckt (spezialisiertes Wissen als Reservat der Verwaltung oder rechtlich unzugängliche politische Willensbildung als Domäne der Politik). Derartige Asymmetrien zwingen die gerichtliche Gewalt dazu, anzuerkennen, dass der „Nachvollzug der Verwaltungsentscheidung so schwierig [ist], dass die gerichtliche Kontrolle an die Funktionsgrenzen der Rechtsprechung stößt".[47] Nachvollziehbarkeit wird damit in der zeitlich notwendig nachgelagerten gerichtlichen Befassung zum Gradmesser einer funktionellen Betrachtungsweise gemacht. Perspektivenverschränkung mit teilabgeschirmten Fähigkeitssphären erkennt eine variable Leistungsfähigkeit von Ministerien, Behörden und Gerichten bei der Rechtsanwendung an. Die „Organadäquanz"[48], eine Chiffre für die Angemessenheit von Ausstattung,

---

46 BVerfGE 84, 34 (50).
47 BVerfGE 84, 34 (50, Hervorhebung durch den Autor); vgl. auch BVerfGE 129, 1 (Rn. 74); BVerwG, NVwZ 2014, S. 450 (Rn. 15); BVerwG, NVwZ 2015, S. 823 (Rn. 20).
48 *Wahl*, Risikobewertung der Exekutive und richterliche Kontrolldichte – Auswirkungen auf das Verwaltungs- und das gerichtliche Verfahren, NVwZ 1991, S. 409–418, 411; siehe auch *Böckenförde, Ernst-Wolfgang*, in: Isensee, Josef/Kirchhof, Paul (Hrsg.), Handbuch des Staatsrechts der Bundesrepublik Deutschland, Bd. 2 – Verfassungsstaat, Heidelberg, 3. Aufl. 2004, § 24, Rn. 24.

Expertise und Ressourcen, beschreibt die Fähigkeit, bestimmte gesetzlich zuge-
wiesene Aufgaben erfolgsversprechend leisten zu können.[49]

Auch das Demokratieprinzip lebt von Perspektivenverschränkungen geradezu konstitutiv: Der im Gesetzgebungsprozess betriebene Interessenausgleich,
seine Konfliktglättungsfunktion, das reziproke Geben und Nehmen setzt eine
Multipolarität voraus, deren Aufeinanderbezug den Konflikt in Entscheidung
überführt. Die gesetzgebungsspezifische politische Rationalität sucht einen
Kompromiss, indem sie die Varianz der Perspektiven zum Ausgangspunkt
nimmt, die in Interessenkonvergenz einmündet.

Die staatsorganisatorische Anatomie von Regierungs- und Gesetzgebungs-
körper weist dieselbe Symptomatik auf: Ausgehend vom verfassungsrechtlichen
Ressortprinzip (Art. 65 S. 1 GG), wird der Regierungsapparat kompetentiell
zergliedert, um Wissen und Planung handhabbar und überhaupt erst entschei-
dungsfähig zu machen. Mehrfach verzweigt fußt die Binnenorganisation auf
Hierarchie- und Delegationsprinzip, die auf ihrer jeweiligen Ebene horizontale
Perspektivenverschränkungen einrichten: von unten nach oben intraministe-
riell zwischen Referaten und zwischen Abteilungen, interministeriell zwischen
Ressorts. Sachlogiken spielen hier ebenso eine Rolle wie Politiklogiken. Weiter
werden staatsorganisationsrechtliche Perspektivenverschränkungen zwischen
Bundesinteressen und Länderinteressen einbezogen, ebenso werden Adressa-
tenperspektiven nur mittelbar berücksichtigt – durch weiche, in der GGO nor-
mierte Beteiligungsaufforderungen sowie über die Parlamentarier, die durch
ihre Vertretungsfunktion die Anliegen der betroffenen Gruppen aufgreifen und
vertreten (sollten).

Für den Gesetzgebungsprozess relevant sind insbesondere die aus den Perspek-
tivenverschränkungen resultierenden institutionellen Konkurrenzverhältnisse.
Denn hinter Perspektiven stehen Interessen, und noch basaler: Machtansprüche.
Diese verwirklichen sich bekanntermaßen nicht nur im Machtringen zwischen
politischen Akteuren, sondern auch in den Machtpositionen der lenkenden
Ministerialstrukturen. Die Erkenntnisprodukte der public choice sind auch für
den Verwaltungsbeamten fruchtbar: Er strebt nach Bedeutung, Status, Einfluss,
Aufstieg.[50] Die ausdifferenzierte Organisation, deren produktiver Vorteil aus der

---

49 *Steinbach, Armin,* Das behördliche Unabhängigkeitsparadigma im Wirtschaftsver-
    waltungsrecht – eine funktionell-rechtliche Betrachtung, Die Verwaltung 50 (2017),
    537–569, 512.
50 Grundlegend *Buchanan, James M./Tullock, Gordon,* The Calculus of Consent – Logical
    Foundations of Constitutional Democracy, Ann Arbor Paperbacks (1962); *Shubik,
    Martin,* A Two-Party System. General Equilibrium and the Voters' Paradox, Zeitschrift

Perspektivenverschränkung resultiert, bewirkt ein vielfältiges Instrumentarium der Austragung von Konkurrenzbeziehungen bis hin zur Obstruktion. Mittel zum Zweck sind organisationsrechtliche Mechaniken: *Zuständigkeiten, Hierarchien, Herrschaftswissen, Fristenregelungen.* Die *Zuständigkeit* ist Anknüpfungspunkt empirischer Spezialisierung und normativer Verantwortungsallokation. Sie bündelt Expertise zur bürokratisch zergliederten Problembearbeitung und kreiert binnenorganisatorisch Zurechnung. Sie lebt von Grenzziehung – die Zuständigkeit des einen ist die Unzuständigkeit des anderen. Zuständigkeitslinien werden zu Konfliktlinien durch Kompetenzgerangel. Sie erlauben, Machtansprüche durch Zuständigkeitsexpansion oder -reduktion geltend zu machen. Intra-ministerielle und inter-ministerielle Deutungshoheiten werden durch Zuständigkeiten erst ermöglicht. Sie entfalten ihre Konfliktlinien horizontal im Verhältnis zur jeweiligen ranggleichen Organisationseinheit – Referate, Abteilungen, Ministerien. Vertikal werden Konflikte um die Autorität über das „letzte Wort" ausgetragen. Das *Hierarchieprinzip* verortet dieses zwar in der nächsthöheren Rangstufe, die Zuständigkeit bleibt formal aber im jeweiligen vertikalen Organisationsstrang. In der Praxis kann das Hierarchieprinzip durchaus materiell zugunsten faktischer Letztentscheidung der rangniederen Organisationseinheit gelockert werden.

Herrschaftswissen kann eingesetzt werden, um Machtansprüche durchzusetzen, Mitspracherechte können durch Kooperationswillen konditioniert werden. Das ist ein relevanter Faktor in der asymmetrischen Beziehung zwischen Parlament und Ministerien, denn obwohl das Parlament formaler Letztentscheider und politisch wie rechtlich Verantwortlicher für das Gesetzesprodukt ist, bleibt das Ministerium in jeder Phase des Gesetzgebungsverfahrens Wissensmonopolist. Abgerufen und eingefordert wird der Wissenstransfer, formell etwa über Bundestagsausschüsse und informell über Fraktionsarbeitsgruppen und andere Kanäle, aber die Monopolstellung der Ministerialbürokratie sichert ihr in jeder Phase Mitspracherechte. Sich zu verschweigen kann in jeder Organisationsbeziehung effektives Machtmittel sein.

Fristen sind ein populäres Instrument im Ringen um Zuständigkeiten, Deutungshoheiten und Letztentscheidungen. Sie bestimmen die Güte verfassungsrechtlich relevanter Austausch- und Diskursbeziehungen. Betroffen sind die

für Nationalökonomie 28 (1968), S. 341–354; *Rothenburg, Jerome*, A Model of Economic and Political Decision Making, in: Margolis, Julius (Hrsg.), The Public Economy of Urban Communities: Papers. Second Conference on Urban Public Expenditures, 1964, New York (RFF Press), Washington, D.C. 1965, S. 1–38.

vielfältigen von der GGO angeordneten Konsultationen (extern, intraministeri-ell, interministeriell und im Verhältnis zu Bundestag und Bundesrat). Die in den Geschäftsordnungen genannten Fristen sind praktisch und rechtlich nicht bin-dend und treten hinter Fristenkürzungen aufgrund von Eile, Sachzwang – und eben auch Konkurrenzbeziehungen – zurück. Bereitschaft zur Kooperation, die Geltendmachung von Deutungshoheiten, das Ringen um Sichtbarkeit und Pres-tige werden somit maßgeblich durch Fristsetzungen beeinflusst und gesteuert. Die „kurze Fristsetzung", die von ihr beabsichtigte oder unbeabsichtigte Verun-möglichung einer inhaltlichen Durchdringung, Kommentierung und erst recht deren Mitzeichnung im regierungsinternen Arbeitsmodus sind die Quelle von Missgunst und Ärger bis hin zur Kooperationsverweigerung und Obstruktion. Für die externen Stakeholder, Länder, kommunale Spitzenverbänden, Fach-kreise und Verbände, die auf eine größtmögliche Beteiligung nach § 47 GGO hoffen[51], sind dies Mechanismen, gegen die sie wenig ausrichten können. Da ihnen die „weiche" GGO rechtlich substantiierte Beteiligungsrechte vorenthält, bleibt ihnen oft nur der Publizitätskanal, um das in Eile und ohne adäquate Ein-bindung gezimmerte Gesetz zu kritisieren – der umsichtige Gesetzgeber hat ein Eigeninteresse an einem positiven Adressatenecho auf sein Gesetz und wird in der Regel schon deshalb nicht auf die Beteiligung verzichten.

Verfassungsrechtlich und demokratietheoretisch verkörpert die Antago-nie zwischen Regierung und Opposition die zentrale Perspektivenverschränk-ung. Von ihr zehrt das demokratische Modell des Regierens auf Zeit und die immanente Alternativität im politischen Raum.[52] Die Logik des Mehrheitsprin-zips und der zeitlich beschränkten Regierungszeit bewirken Abgrenzung und Kooperationsminimierung. Im Verhältnis zu den Regierungsfraktionen ist der Regierungsapparat kooperativ: etwa durch Unterstützung der Gesetzgebungs-tätigkeit des Bundestages durch Hintergrundvermerke, mündliche und schrift-liche Beantwortung von Fragen einzelner Parlamentarier oder Fraktionen, bis zur Erarbeitung von Entwürfen einzelner Vorschriften oder ganzer Regelwerke. Formulierungshilfen demonstrieren die Permeabilität zwischen Regierung und Parlament. Geschlossen sind die Grenzen gegenüber der Opposition – so

---

51 *Smeddinck, Ulrich*, Integrierte Gesetzesproduktion – Der Beitrag der Rechtswissen-schaft zur Gesetzgebung in interdisziplinärer Perspektive, Berlin 2006, 170; *Rossi, Mat-thias*, Erscheinungsformen nichtstaatlicher Einflüsse, in: Kloepfer, Michael (Hrsg.), Gesetzgebungsoutsourcing – Gesetzgebung durch Rechtsanwälte?, Baden-Baden 2011, S. 25–77, 44 ff.

52 *Steinbach, Armin*, Rationale Gesetzgebung, Tübingen 2017, S. 249.

werden etwa „kleine" und „große" Anfragen schmallippig und informationsarm beantwortet und Austauschkanäle zu den Ministerien gekappt. Der politische Kampf charakterisiert dieses Beziehungsverhältnis.

E. Rationalität und Ambivalenz der Gewaltlogiken

Zu häufig wird die monolithische Natur des Gesetzgebers unterstellt. Der Gesetzgeber agiert im tripartistischen Gefüge als Träger der unmittelbaren Vertrauenslegitimation durch den Souverän. Da die Exekutive als der rein vollziehende Arm der Verwaltung verstanden wird, steht die Regierung sowohl im Schatten wie auch außerhalb des Gewalten-Dreigestirns. Die Regierung bleibt demokratietheoretisch unterbeleuchtet.[53] Als Urheberin vieler gesetzgeberischer Impulse ist sie Motor und Hirn der Gesetzgebung. Knapp 80 % der verkündeten Gesetze gehen auf Regierungsinitiativen zurück.[54] Umso dringlicher scheint es, diese Unwucht auszuleuchten und zwischen einem ministerialen und einem parlamentarischen Abschnitt der Gesetzgebung zu unterscheiden. Dabei ist es nicht damit getan, sich aufgrund der verfassungsrechtlich angeordneten Sequenz der beiden Phasen mit schlussendlicher Letztverantwortung für die Parlamentarier darauf zurückzuziehen, dass Substanz und Letztverantwortung im Schlusspunkt der Abstimmung schon koinzidieren. Das ist mitnichten der Fall. Dass Fraktionen nach dem Delegations- und Spezialisierungsprinzip arbeiten und so Wissen und Expertise nicht gleichmäßig verteilt sind (und dies aus Effizienzgründen auch nicht so sein soll), ist ebenso bekannt wie das Expertisegefälle in der Beziehung zwischen Regierung und Parlament lamentiert und analysiert wurde.[55] Selten jedoch wird der Versuch unternommen, zu untersuchen, wie sich die wissensgestützte Dominanz des einen mit der Hoheit über das letzte Wort des anderen verhält. In beiden Sphären folgen die Akteure unterschiedlichen Handlungslogiken, die sich in den Umgang mit dem Gesetzgebungsgegenstand eingravieren. Letztentscheidung jedenfalls verschleiert die Tatsache, dass

---

53 *Honer, Mathias*, Die grundgesetzliche Theorie der Regierung, Tübingen 2022.

54 *Maaßen, Hans-Georg*, Gesetzesinitiativen der Bundesregierung, in: Kluth, Winfried/ Krings, Günter (Hrsg.), Gesetzgebung – Rechtsetzung durch Parlamente und Verwaltungen sowie ihre gerichtliche Kontrolle, Heidelberg 2014, § 8, Rn. 1.

55 *Ismayr, Wolfgang*, Der Deutsche Bundestag, 3. Aufl., Wiesbaden 2012, S. 270; *Folz, Hans-Peter*, Demokratie und Integration – Der Konflikt zwischen Bundesverfassungsgericht und Europäischem Gerichtshof über die Kontrolle der Gemeinschaftskompetenzen: zum Spannungsverhältnis zwischen demokratischer Legitimation und Autonomie supranationaler Rechtsordnung, Berlin 1999, S. 90.

Wissensüberschuss und Machtvorteil Hand in Hand gehen – der wahre Gesetzgeber sitzt in den Ministerien.

Festhalten konnten wir bereits, dass sich das Demokratieprinzip im
Gesetzgebungsverfahren durch dessen Interessenausgleichsfunktion Konsis-
tenzansprüchen aus dem Rechtsstaatsprinzip entzieht. Weder ist das Gesetzgebungsverfahren prozedural-rational im Sinne eines Diskursideals des besseren
Arguments[56], noch ist es ein Erkenntnisverfahren, das auf die Anstrengung der
kognitiven Ressourcen gerichtet ist. Doch spaltet man den Monolithen, wird ein
Gewalten-Zwitter sichtbar: In der ministerialen Sphäre dominieren Wissens-
affinität, Sachlogik, Konsistenzansprüche, Implementierungszwänge. Das ist
keine wissenschaftsähnliche Praxis, wohl aber eine konkurrierende Handlungslogik zum allein politischen Impuls, der sich über den politischen Willen zur
Verteilung von Ressourcen bis hin zur unverhohlenen Klientelpolitik Ausdruck
verschafft. Die politische Handlungsanleitung freilich ist dem Ministerialbetrieb
nicht fremd, insbesondere dort, wo er die Versprechungen aus Koalitionsverträ-
gen und Koalitionsausschuss in Bahnen der Umsetzung lenkt oder auf tagespoli-
tische Konjunktur reagiert. Und doch dominiert Sachlogik das Organigramm: In
den Fachabteilungen wird die Materie ihrer sachlichen und institutionellen
Komplexität beraubt und so kleingearbeitet, dass die Arbeitseinheiten *fachliche*
Einschätzungen abgeben, Vorschläge machen, aber eben auch politischen Wün-
schen der Hausleitung die fachlichen Grenzen aufzeigen. Der Fachbeamte definiert sich nicht über die Überlegenheit seiner politischen Orientierung, er bildet
sein Urteil nach dem Maßstab fachlicher Kriterien. Und genau darin liegt die
Signatur republikanischer Bürokratie: Sie verpflichtet ihr Personal auf Rationali-
tätsmaßstäbe, an denen sich der Beamte kraft der verfassungsrechtlich vorgegebenen Rekrutierungsmerkmale messen lassen muss. Die Verfassung ordnet die
Rekrutierung seiner Staatsdiener über Art. 33 Abs. 4 GG nach Leistung, Eignung
und Befähigung an. Die Norm – umgesetzt durch das Dienstrecht – lässt nur an
ihrer Spitze, beim politischen Beamten, dem Scharnier zwischen Fachbeamte-
ntum und politischer Spitze, Freiräume zu.[57] Der politische Beamte leidet an
gespaltener Loyalitätsverpflichtung – Amtsloyalität und Parteibindung können
in Konflikt geraten.[58] Hingegen normiert die Selektionstrias Rekrutierung und
Amtsführung des Fachpersonals, lässt ihm keine Alternative in der Berufsper-
formanz zum Leistungskodex nach objektivierbaren Rationalitätsmaßstäben.

---

56 *Steinbach, Armin*, Rationale Gesetzgebung, Tübingen 2017, 192.
57 *Steinbach, Armin*, Verwaltungsarchiv 109 (2018), 1–32.
58 *Isensee, Josef*, in: Baum u. a., Politische Parteien und öffentlicher Dienst, 1982, S. 52, 65.

Die ostentative politische Orientierung kann ein Makel sein in einem Umfeld bürokratischer Leistungsorientierung.

Das mit den Signaturen der Neutralität, Unabhängigkeit und Leistungsorientierung rekrutierte und sozialisierte Personal schickt einen Referententwurf auf die Reise, der in den allermeisten Fällen dem Anspruch rationaler Güte standhalten kann. Freilich ist dieser Entwurf nicht vor den Fehlern gefeit, die politischer Bevorteilung den Vorzug vor Evidenz oder Konsistenz einräumt. Die politischen Spitzen profitieren vom Hierarchieprinzip, die Farbenlehre bringt die Häuser in Gegenstellung. Ministeriale Politik genießt medial hohe Aufmerksamkeit und es gehört zum Arsenal politischer Taktik, ministeriale Ankündigungen und Maßnahmen zum Zwecke politischer Auseinandersetzung zu nutzen. Und doch: Das in nüchterner Sachrationalität geschulte Fachpersonal bändigt auch die vom politischen Gestaltungswunsch beflügelte Leitung und weist das von ihr in Auftrag gegebene Gesetz in Bahnen der Evidenzbasierung, Begründbarkeit, Systemkohärenz. Rechtsrisiken und Implementationsfallen werden aktenkundig gemacht und gar nicht so selten steuert nicht der politische Kopf den Tanker der Ministerialbürokratie, sondern umgekehrt. Denn der Beamte, der seine amtliche Stellung nach dem Leistungsprinzip erreicht, schuldet niemandem Dank. Das Leistungsprinzip gibt ihm berufliches Selbstbewusstsein, geistige Unabhängigkeit, Sachlichkeit, Arbeitsmotivation, Amtscourage.[59]

Welcher Kontrast dazu die Eigenrationalität, Handlungslogiken und Selektionskriterien im Parlament. Das Expertisedelta, die Unterlegenheit des Parlaments, ist länglich beschrieben.[60] Wird das deutsche Parlament in der politikwissenschaftlichen Literatur doch so wohlwollend als Arbeitsparlament tituliert.[61] Das mag schlüssig sein, um sich im internationalen Vergleich von Redeparlamenten abzugrenzen – und doch ist der „Arbeits" begriff ganz sicher nicht in Kontinuität zum vorgelagerten Ministerialen zu verstehen. Am Austragungsort der Kompromissfindung, an der Brutstätte des politischen Konflikts, an der Front des Wortgefechts, in der Fabrik des politischen Spins dominiert die

---

59 *Isensee, Josef,* in: Baum u. a., Politische Parteien und öffentlicher Dienst, 1982, 52, 66.

60 *Veit, Sylvia,* Bessere Gesetze durch Folgenabschätzung? – Deutschland und Schweden im Vergleich, Wiesbaden 2010, 43 f.; *Smeddinck, Ulrich/Tils, Ralf,* Normgenese und Handlungslogiken in der Ministerialverwaltung – Die Entstehung des Bundes-Bodenschutzgesetzes; eine politik- und rechtswissenschaftliche Analyse, Baden-Baden 2002, 298 ff.

61 *Spohr, Florian,* Interessen und Informationen in den öffentlichen Anhörungen des Deutschen Bundestages, in: J. Brichzin et al. (Hrsg.), Soziologie der Parlamente, Politische Soziologie, Wiesbaden 2018, 309–335, 311.

politische Rationalität. Wo Allianzen geschmiedet und Intrigen gesponnen werden, ist kein Platz für Wissensoptimierung. Evidenzbasierung, der Ratschlag des
Experten, die Bedenken des Wissenschaftlers, sie alle sind hier Instrumente des
politischen Machtkampfes.

Das Personal des Parlaments wird nicht rekrutiert in Anlehnung an die rationa-
litätsaffine Selektionstrias der Ministerialbürokratie. Zwar kann Ministerialpersonal in manchen Fällen Sonderurlaub erhalten, um für eine Bundestagsfraktion
zu arbeiten, doch die Mehrzahl der wissenschaftlichen MitarbeiterInnen, persönlichen Gefährten und politischen Gehilfen sind alles andere als das Subst-
rat eines am Art. 33 GG unterworfenen Einstellungsverfahrens. Vom deutschen
Parlament eine Einstellungspraxis nach Leistung, Eignung und Befähigung zu
verlangen, hieße, die Eigenart dieses Teils des Gesetzgebungsprozesses zu ver-
kennen. Der parlamentarische Gesetzgebungsprozess einschließlich seiner
Akteure stützt sich auf Vertrauenslegitimation – das durch Wahlen vermittelte
Vertrauen ermächtigt sie, politisches Programm in Gesetze zu überführen. Im
Kontrast dazu ist das Ministeriumspersonal leistungslegitimiert, es erlangt seine
Stellung nicht durch Vertrauen, sondern meritokratisch aufgrund erwiesener
Leistungsfähigkeit. Da Leistung allein aber keine hinreichende Legitimation
vermittelt, steht der Fachbeamtenschaft als leistungslegitimiertem Personal mit
dem Minister und seinen politischen Beamten vertrauenslegitimiertes Personal
vor[62], das sich nicht (bestenfalls aber eben doch auch) durch Fachkompetenz,
sondern durch Bürgerkompetenz auszeichnet.

Im Parlament agieren nur Vertrauenslegitimierte, keine Leistungslegiti-
mierte. Der Parlamentarier genießt durch (Direkt-)Wahl die höchste Güte der
Vertrauenslegitimation. Er oder die Fraktion stellen ihrerseits vertrauensba-
siert Personal ein. Zentrales Kriterium ist Loyalität. Loyalität ist der Kitt in der
Arbeitsbeziehung im politischen Geschäft. Denn der politische Akteur muss
sich der Gefolgschaft und unverbrüchlichen Treue seines Umfeldes sicher sein
können. Was nützen ihm die hellsten Köpfe, die ihre politischen Ansichten nicht
voll auf Linie bringen mit ihrem Vordermann? Sie sind die ergebenen Gefährten
eines Politikers, dessen Unzulänglichkeiten und Fehler sie kaschieren, dessen
Fähigkeiten sie preisen und dessen Fortkommen sie mit (fast) allen Mitteln zu
befördern bereit sind. Parteizugehörigkeit ist ein objektives Signal für Loyali-
tätsprognose und so sind Fraktions- und Abgeordnetenpersonal in vielen Fällen politisch voreingenommen – im Unterschied zum Ministeriumspersonal.

---

62 *Isensee, Josef,* Öffentlicher Dienst, in: Benda/Maihofer/Vogel, Handbuch des Verfassungsrechts der BRD, 1983, § 32, S. 1149–1198, 1169.

Vertrauen über Leistung ist also das Gefälle in der Rekrutierungslogik im zwei-geteilten Gesetzgebungsprozess und dies schlägt sich nieder im Arbeitsmodus. Das Delta zwischen Leistungslegitimation und Vertrauenslegitimation schärft den Blick für den unterschiedlichen Zugriff auf den Gesetzgebungsgegen-stand: Im Parlament werden Vorgänge nach Maßgabe der Machtlogik bearbei-tet. Ziel ist die Durchsetzung der eigenen Interessen im Gesetzestext, das Ringen um den Vorteil für die eigene Klientel, damit dieses etwa in den Genuss einer Ausnahme von der belastenden Gesetzesregulierung kommen kann. Ob dies der Systemkonformität entspricht, ob Standards der Rechtsförmlichkeit eingehalten werden, ob das Gesetz dann noch seine ursprüngliche Intention erreichen kann, ob die parlamentarischen Gesetzesänderungen auf abgesicherten Tatsachen fußen – im parlamentarischen Abschnitt herrscht kein langer Atem, wenn es um die empirische, rechtliche und praktische Absicherung des Gesetzes geht.

Nun könnte man meinen, dass durch wissensaffine Institutionalisierungen wie die Expertenanhörung in den Ausschüssen oder auch den wissenschaftli-chen Dienst kompensatorische Einrichtungen existieren, die zumindest die Wis-sensdimension der Gesetzgebung in einer Mindestqualität absichern. Solange nur die Abgeordneten die Möglichkeit haben, frei Sachverständige auszuwählen und anzuhören, haben sie die Möglichkeit, aus ihrer Sicht bestehende Defizite im Gesetzesentwurf zu beheben. Die Rolle der Wissensfunktion der Experten-anhörung muss jedoch vor dem Hintergrund der spezifisch parlamentarischen Funktion im Gesetzgebungsprozess gesehen werden. Nach dem vorher Gesag-ten bildet die wissensbasierte Bearbeitung den Fokus des ministerialbürokra-tischen, nicht des parlamentarischen Abschnitts des Verfahrens. Sie verfestigt damit einen allgemeinen Trend der „Verexekutierung der Politik", Ausfluss eines gestiegenen Tempos, Komplexität oder einer technischen Entwicklung. Die Anhörung wäre dann ein Gegengewicht zu der Exekutierung, eine Kompensa-tion für unterlegenes Wissen, richtungsgleich zur „Re-Parlamentarisierung der Experten". Wissen in den Händen der Ministerialbürokratie ist nicht gleich Wis-sen in der parlamentarischen Sphäre. Dient Wissen der sachlogikgetriebenen Ministerialbürokratie zur rationalisierenden Bearbeitung, steht sie im parlamen-tarischen Umfeld unter den Vorzeichen der politischen Verarbeitung des The-mas. Der Blickwinkel auf den Sachverständigen im Ausschusssaal ist somit ein anderer, als der externe Wissensträger dem Ministerium anbietet. Die Parlamen-tarier verfolgen primär politische Geländegewinne, das ihnen angebotene Wis-sen ist Mittel zur Bekämpfung des politischen Gegners. Ihr Zugriff auf Wissen ist somit selektiv: Unliebsames Wissen, das die Zielerreichung in Zweifel zieht oder gar das politische Ziel grundsätzlich in Frage stellt, durchdringt den politi-schen Filter nicht. Der Fraktionszwang unterbindet aus der Expertenanhörung hervorgehende Erkenntnisse bei einzelnen Abgeordneten – selbst wenn sich bei ihnen ein Erkenntnisgewinn einstellt, werden sie doch ihr Stimmverhalten nur als Fraktion insgesamt ändern können. Wohl aber kann die Expertenbefragung politisch relevantes Wissen hervorbringen: die Verteilungswirkungen gesetzlicher Maßnahmen aufzeigen, die Betroffenheit beim Regelungsadressaten sichtbar machen, Härten und Auswirkungen allgemein beleuchten – Informationen, die für den politischen Verhandlungsprozess von Bedeutung sind. In diesem Sinne hat die Wissensvermittlung über Expertenanhörung eine Interessenaggregationsfunktion, um die hinter dem oder gegen den Gesetzesentwurf stehenden Interessen deutlich werden zu lassen.[63]

Darüber hinaus ist eine Legitimationsfunktion der Expertenanhörung im Ausschuss hierin zu sehen[64]: Um die von der Exekutive eingebrachten Entscheidungsvorschläge noch einmal zu verifizieren, muss der Gesetzgeber diese „nachholend" als angemessen bestätigen. Die Experten bringen die Vielfalt der Konsequenzen und Einwirkungen auf die jeweilige Klientel noch einmal zum Vorschein, zwingen den Gesetzgeber dazu, das „fremde" Gesetz zu seinem eigenen zu machen. Die Expertenanhörung versetzt ihn in die Lage hierzu. Gleicht man diese Funktionen der parlamentarischen Expertenanhörung mit dem Profil der eingeladenen Experten ab, mag sich diese Tendenzaussage aufdrängen: Der reine Wissenschaftler kann dem Prozess insbesondere (aber auch nur) in seiner nachvollziehenden Funktion dienen, er trägt bei zur Legitimation durch Nachvollziehenkönnen und Entscheidenkönnen auf Seiten des Parlamentariers. Hingegen kommt Interessengruppen oder Vertretern von Verbänden die Aufgabe zu, die redistributiven Wirkungen des Gesetzes, dessen Auswirkungen auf die Wählerschaft zentrale Bedeutung hat, ins Scheinwerferlicht zu stellen – als Sprachrohre der Primärbetroffenen können sie ein Bild der Auswirkungen (über)zeichnen.

In der Gesamtschau wirkt die zeitliche Zweiphasigkeit des Gesetzgebungsverfahrens wie eine substantielle Zweigliedrigkeit, eine Doppelrationalität. Die Handlungslogiken variieren in ihrer verwaltungssoziologischen Eigenart zwischen Ministerien und Parlament, die einen unterschiedlichen Umgang mit dem

63 *Spohr, Florian*, Interessen und Informationen in den öffentlichen Anhörungen des Deutschen Bundestages, in: J. Brichzin et al. (Hrsg.), Soziologie der Parlamente, Politische Soziologie, Wiesbaden 2018, 309–335, 313.

64 *Spohr, Florian*, Interessen und Informationen in den öffentlichen Anhörungen des Deutschen Bundestages, in: J. Brichzin et al. (Hrsg.), Soziologie der Parlamente, Politische Soziologie, Wiesbaden 2018, 309–335, 313.

Gesetzgebungsgegenstand pflegen, der die oben diskutierte, basale Dichotomie zwischen Rechtsstaatsprinzip und Demokratieprinzip innerhalb des nur scheinbar monolithischen Gesetzgebers aufdeckt. Ein unterschiedlicher Umgang mit Wissen zwingt auch zur differenzierten Sicht auf die Wissenskanäle in dem Prozess (in das Ministerium oder in das Parlament). Gegenüber einem in der Sach- und Implementationslogik geschulten Ministerialpersonal fällt das Wissen von außen auf vergleichsweise fruchtbaren Boden (sofern der Wissensimport nicht mit alternativen Wissensbeständen konkurriert), steigert es doch Tatsachenpräzision, Prognoseschärfe, Folgenanalyse – im Parlament beleuchtet das Wissen primär Verteilungskonsequenzen, faktische und politische Betroffenheiten oder liefert schlicht Munition für die politische Auseinandersetzung.

F. Spätzünder „Evidenzbasierte Politik"

Das Verhältnis von Expertise und Demokratie ist spannungsgeladen.[65] Es treibt einen Keil zwischen den Laien und den mit Autorität ausgestatteten Expertiseträger, der sich im öffentlichen Diskurs kraft Wissens privilegierte Rede- und Interpretationshoheiten sichert.[66] Expertenwissen kann in Gesetz sedimentieren. Dem Laien bleibt der privilegierte Zugang zur Macht verwehrt, seine Stimme stumm und er muss das ihm unverständlich bleibende Gesetz akzeptieren und befolgen. Zuletzt hat sich dieses Spannungsverhältnis während der Pandemie entladen, bis hin zu Anfeindungen des exponierten Experten.

Und trotzdem bleibt Expertise der Maßstab einer evidenzbasierten Politik und mit ihr eine der Kernerwartungen an rationale Politik. Wissen statt bloßes Wollen, Gewissheit statt Vermutung sind keine tugendhaften Selbstzwecke: Ein an der Wirksamkeit seiner Gesetze, an der Treffgenauigkeit seiner Intervention, am Augenmaß in der Grundrechtsbeeinträchtigung interessierter Gesetzgeber stabilisiert das Wissensfundament seiner Entscheidungen.

Gesetzgeberische Aktivität findet dieses Anliegen institutionell in der Gesetzesfolgenabschätzung gut aufgehoben. Als Bestandteil guter Gesetzgebung gehört sie schon geraume Zeit ins Pflichtenheft guter Gesetzgebung.[67] Auch

---

65 *Münkler, Laura*, Expertokratie, Tübingen 2021.

66 *Nowotny, Helga*, Transgressive Competence, *European Journal of Social Theory* 3 (2000), S. 5 ff., 5; *Wildavsky, Aaron*, Speaking truth to power, Boston 1979, 206; zur populistischen Konsequenz *Naím, Moisés*, The Revenge of Power, New York 2022, S. xii.

67 Vgl. bereits *König, Klaus*, Evaluation als Kontrolle der Gesetzgebung, in: König, Klaus/ Schreckenberger, Waldemar/Zeh, Wolfgang (Hrsg.), Gesetzgebungslehre: Grundlagen, Zugänge, Anwendung, Stuttgart 1986, S. 96–108, 96 f.; *van der Meulen, Dirk H.*, The

wenn die jüngeren Krisen die Ambivalenz des Expertendaseins in einer denkbar kontroversen Spannbreite aufgezeigt haben, changierend zwischen Verachtung und Hochachtung – ist der zugrundeliegende Topos älter. Evidenzbasierte Politik ist eine Reaktion auf die wiederkehrende Kritik an der Leistungsfähigkeit von Parlamenten und den Umsetzungsschwächen und Implementierungsdefiziten einer finalen Programmierung von Gesetzen.[68]

Lange Zeit interessierte sich der Gesetzgeber nur in zwei Fällen für die Wirksamkeit seiner Gesetze: wenn sie in den Grenzbereich des verfassungsrechtlich Unzulässigen gerieten oder sogar vom Bundesverfassungsgericht als solche verworfen werden. Oder wenn Kosten und Bürokratieaufwand des Gesetzes als unangemessen empfunden werden. Insbesondere der Trend zum Bürokratieabbau hat Verrechtlichungen und Institutionalisierungen hervorgebracht, und es ging von dieser Basis aus, dass sich ernstzunehmende Gesetzesfolgenabschätzungen erst bilden konnten. Konkret findet sich die institutionelle Verankerung der Gesetzesfolgenabschätzung sowohl bei dem (inzwischen) im Bundesjustizministerium institutionalisierten Normenkontrollrat als auch in den jeweiligen Ressorts.[69] Ihre Aufgaben sind in § 2 Abs. 1 NKRG (Bürokratiekostenmessung des Normenkontrollrats) und in § 43 Abs. 1 Nr. 5 i. V. m. § 44 GGO (ministerielle Gesetzesfolgenabschätzung) verankert.[70] Die Gesetzesfolgenabschätzung nach der GGO wird von dem federführenden Ressort selbst durchgeführt; der

---

Use of Impact Assessments and the Quality of Legislation, The Theory and Practice of Legislation 1 (2013), S. 305–325, 305; *Karpen, Ulrich*, Gesetzgebung im Rechtsvergleich, in: Kluth, Winfried/Krings, Günter (Hrsg.), Gesetzgebung – Rechtsetzung durch Parlamente und Verwaltungen sowie ihre gerichtliche Kontrolle, Heidelberg 2014, § 7, Rn. 91 ff.

68 *van der Meulen*, The Theory and Practice of Legislation 1 (2013), 305, 305; *Edinger, Florian*, Folgenabschätzung und Evaluation von Gesetzen: Zwischenbilanz aus parlamentarischer Sicht, Zeitschrift für Gesetzgebung 2004, S. 149–165, 149; *Schneider, Hans-Peter*, Meliora Legalia – Wege zu besserer Gesetzgebung, Zeitschrift für Gesetzgebung 2004, S. 105–121, 114 f.

69 Hier greife ich auf frühere Gedanken zurück, siehe *Steinbach, Armin*, Rationale Gesetzgebung, Tübingen 2017, 141.

70 Ausführlich *Kahl, Wolfgang*, Gesetzesfolgenabschätzung und Nachhaltigkeitsprüfung, in: Kluth, Winfried/Krings, Günter (Hrsg.), Gesetzgebung – Rechtsetzung durch Parlamente und Verwaltungen sowie ihre gerichtliche Kontrolle, Heidelberg 2014, § 13, Rn. 12 ff.; *Hofmann, Hans/Birkenmaier, Philipp*, Die Aufgaben des Normenkontrollrates im Gesetzgebungsverfahren, in: Kluth, Winfried/Krings, Günter (Hrsg.), Gesetzgebung – Rechtsetzung durch Parlamente und Verwaltungen sowie ihre gerichtliche Kontrolle, Heidelberg 2014, § 12, Rn. 15 ff.

Normenkontrollrat hat die Funktion, die Bundesregierung insgesamt zu unterstützen. Das Mandat des Normenkontrollrats hatte ursprünglich einen engen Fokus auf Überprüfung und Reduzierung von Bürokratiekosten, die von dem zuständigen Ressort für den jeweiligen Gesetzesentwurf veranschlagt wurden. Später wurde das Mandat des Normenkontrollrats erweitert: Inzwischen überprüft der Rat den Erfüllungsaufwand und damit jenen Aufwand, der sich aus den in den Gesetzen normierten Handlungspflichten ergibt (§ 1 Abs. 3 NKRG). Der Erfüllungsaufwand muss von den Ministerien im Gesetzesentwurf abgeschätzt werden und wird vom Normenkontrollrat überprüft. Die Definition des Erfüllungsaufwands ist weit: Nach der Legaldefinition in § 2 Abs. 1 NKRG umfasst er „den gesamten messbaren Zeitaufwand und die Kosten", die „durch die Befolgung einer bundesrechtlichen Vorschrift bei Bürgerinnen und Bürgern, Wirtschaft sowie der öffentlichen Verwaltung entstehen".

Waren dem Normenkontrollrat anfänglich reine Kostenmessungsfunktionen zugedacht, die mit einem Standard-Kosten-Modell erfasst werden, mauserte sich das Gremium, in dem es seinen Prüfungsumfang erweiterte. Sein Mandat erstreckt sich inzwischen auch auf die methodengerechte Durchführung und Darstellung von Ziel und Notwendigkeit der Regelung sowie Erwägungen zu anderen Lösungsmöglichkeiten (§ 4 Abs. 2 NKRG). Der Zusammenhang mit der Verhältnismäßigkeitsprüfung ist unverkennbar. Die mündet zwar nicht in eine vorgerichtliche Prüfung, dient aber immerhin als eine die Ministerien flankierende Erinnerungsfunktion des Rates.[71] Hierzu zählt auch – zumindest in der Theorie – die klare Zielformulierung des Gesetzes, die für die Durchführung einer Gesetzesfolgenabschätzung unabdingbar ist. Schließlich erstreckt sich die Prüfungskompetenz des Rates nach § 4 Abs. 2 Nr. 3 NKRG inzwischen auch auf eine mögliche Befristung und Evaluierung des Gesetzesvorhabens.[72] Hier wird die Wirkungsorientierung des Normenkontrollrats bewusst mobilisiert.[73]

Während beim Normenkontrollrat eine Gesetzesfolgenabschätzung im Gepäck der Ermittlung des Erfüllungsaufwandes erfolgt, hat die praktische Umsetzung der genuinen Gesetzesfolgenabschätzung nach § 44 Abs. 7 GGO keine Fleißarbeiten der Ministerien erkennen lassen. Zwar sind die Vorgaben zur Gesetzesfolgenabschätzung unmissverständlich[74], dennoch wurde die Pflicht zur

---

71 *Steinbach, Armin*, Gesetzgebung und Empirie, Der Staat 54 (2015), S. 267–289, 285.

72 *Frick, Frank/Ernst, Tobias/Brinkmann, Henrik*, Wirksamkeit von Sunset Legislation und Evaluationsklauseln, Gütersloh 2005, S. iii.

73 *Steinbach, Armin*, Rationale Gesetzgebung, Tübingen 2017, S. 142.

74 Zudem erarbeitete das Bundesinnenministerium eine Arbeitshilfe zur Gesetzesfolgenabschätzung, welche eine einfache Anleitung zur Durchführung der

Durchführung einer Gesetzesfolgenabschätzung lange Zeit nur formal erfüllt.[75]
Politische Impulse der vergangenen zehn Jahre haben das zu ändern versucht.
Seitdem 2013 ein Staatssekretärsausschuss „Bürokratieabbau" die Evaluierungs-
pflichten konkretisierte, scheint Bewegung zu kommen in die intraministerielle
und interministerielle Arbeit der Häuser: Damals wurde entschieden, dass
grundsätzlich für alle wesentlichen Regelungsvorhaben 3–5 Jahre nach Inkrafttreten eine Evaluierung aller Regelungsvorhaben durchgeführt werden sollte.[76]
Als wichtigstes Evaluierungskriterium wird die Zielerreichung genannt, da sie
ausschlaggebend dafür sei, bei Verfehlen des Ziels zu unnötigem Erfüllungsaufwand zu führen. Die Ministerien fassten die neue Marschrichtung eher mit
spitzen Fingern an, eine Evaluierungskultur gedieh nicht. Immerhin: Politisch
starb das Anliegen nicht aus, sondern ritt auf der nicht brechen wollenden Welle
des Bürokratieabbaus mit. In einem „Arbeitsprogramm Bessere Rechtsetzung"
wurde 2016 nicht weniger als eine „Schule der Legistik" ausgerufen. Ziel ist eine
Steigerung der handwerklichen Qualität von Gesetzesvorlagen. Eine Qualifizie-
rungsoffensive soll die Verfasser von Gesetzentwürfen in „modernen Methoden
zur strukturierten Problemlösung, zur Nutzung vorhandener wissenschaftlicher
Erkenntnisse, zur Entwicklung von Alternativen und zum empirischen Testen
ihrer Wirksamkeit sowie zur Evaluierung" schulen.[77] Denn „gutes Recht ist
auch ein Ergebnis von guten Verfahren". Hierzu zählt die Bundesregierung auch
„Initiativen zur praktischen Erprobung von Regelungen vor Verabschiedung in
geeigneten Fällen", angesprochen sind Experimentgesetze im weitesten Sinne,

---

Gesetzesfolgenabschätzung in fünf Schritten gibt und die Vorgaben des § 44 GGO in
einem Fragenkatalog konkretisiert, vgl. *Bundesministerium des Innern* (Hrsg.), Arbeitshilfe zur Gesetzesfolgenabschätzung, Berlin 2009.

75 *Veit, Sylvia*, Bessere Gesetze durch Folgenabschätzung? – Deutschland und Schweden
im Vergleich, Wiesbaden 2010, S. 153 ff.; *Smeddinck, Ulrich*, Integrierte Gesetzesproduktion – Der Beitrag der Rechtswissenschaft zur Gesetzgebung in interdisziplinärer
Perspektive, Berlin 2006, S. 398.

76 Konzeption zur Evaluierung neuer Regelungsvorhaben gemäß „Arbeitsprogramm
bessere Rechtsetzung" der Bundesregierung vom 28. März 2012, Bundeskanzleramt,
Protokoll zum Staatssekretärsausschuss Bürokratieabbau am 23. Januar 2013.

77 *Bundesregierung*, Kabinettsbeschluss, Arbeitsprogramm Bessere Rechtsetzung 2016,
verfügbar unter https://www.bundesregierung.de/resource/blob/974430/468650/9ea30
0ce485d3da6f29014ec58888200/2016-06-27-arbeitsprogramm-bessere-rechtsetzung-
data.pdf?download=1.

praktiziert beispielsweise in Gestalt von „Reallaboren"[78], sowie die „systematische Evaluierung aller wesentlichen Regelungsvorhaben".[79]

Während die Ergebnisse und Implementationen weniger prominent kommuniziert wurden, scheint die Bundesregierung doch auf den Geschmack gekommen zu sein, erhielt das Thema durch einen Beschluss eben jenes Staatssekretärsausschusses erneut Auftrieb, als dieser am 26. November 2019 eine Fortentwicklung der Evaluierungskonzeption der Bundesregierung beschloss. Auferlegt wurde den gesetzentwerfenden Einheiten, in der Begründung des Regelungsvorhabens neben den Angaben nach § 44 Abs. 7 GGO darzustellen, welche Ziele bei der Evaluierung zugrunde gelegt und welche Kriterien für die Zielerreichung dabei voraussichtlich herangezogen werden. Hier werden Voraussetzung und Vorsorge dafür geschaffen, dass zum Zeitpunkt der Evaluierung die voraussichtlich erforderlichen Daten zur Verfügung stehen. Damit öffnet sich dieser Prozess der insbesondere von der Ökonomie lautstark eingeforderten stärkeren Datenorientierung und Datennutzung zum Zwecke der Evidenzbasierung von politischen Maßnahmen.[80] Die von den empirisch arbeitenden Disziplinen in immer stärkerem Maße verarbeiteten Daten drängen geradezu darauf, im Gleichschritt mit diesem wissenschaftlichen Fortschritt auch den Gesetzgeber an der Nutzung dieses Potentials teilhaben zu lassen. Der Zugang zu Daten und die Kooperation der Politik mit wissenschaftlichen Einrichtungen sind zur Hebung dieses Potentials essentiell. Zu den jüngeren Vorhaben zählt auch, dass die Bundesregierung sich die Erstellung einer Arbeitshilfe vornimmt, in der Arbeitsschritte und Methoden einer Evaluierung dargestellt sind, was durchaus als erster Schritt hin zu einer Evaluationskultur verstanden werden kann. Abrundend sollen zentrale Arbeitseinheiten als Ansprechpartner für Evaluierungen von Regelungsvorhaben ministeriumsintern benannt werden.[81]

---

78 *Bundesministerium für Wirtschaft und Klima*, Reallabore – Innovationen ermöglichen, Regulierung weiterentwickeln, September 2022, verfügbar unter https://www.bmwk. de/Redaktion/DE/Publikationen/Innovation/reallabore-innovationen-ermoglichen-regulierung-weiterentwickeln.pdf?__blob=publicationFile&v=6.

79 *Bundesregierung*, Kabinettsbeschluss, Arbeitsprogramm Bessere Rechtsetzung 2014, verfügbar unter https://www.bundesregierung.de/resource/blob/975232/468684/ac87cf980062dd9936f4726900e3f10b/2014-06-04-kabinettbeschluss-juni-2014-data. pdf?download=1.

80 *Wissenschaftlicher Beirat beim Bundesministerium der Finanzen*, Notwendigkeit, Potenzial und Ansatzpunkte einer Verbesserung der Dateninfrastruktur für die Steuerpolitik, Gutachten 5/2020.

81 *Beschluss des St-Ausschusses „Bessere Rechtsetzung und Bürokratieabbau" vom 26. November 2019.* Pressemitteilung vom 27. November 2019.

Der immer enger werdenden Taktfolge zum Trotz – die „Degradierung" des Normenkontrollrates vom Organigramm des Bundeskanzleramts mit der Regierung Scholz auf das des Bundesjustizministeriums wird dem keinen Abbruch tun – hinkt die Gesetzesfolgenanalyse in der Praxis den Einlösungen ihrer Ankündigungen noch hinterher. Die Evaluierungspraxis – ob ex-ante oder ex-post – bleibt kontextabhängig, ministeriumspezifisch und im methodischen Ansatz heterogen. Von einer gelebten Datenkultur, einer veritablen Wirkungsforschung kann keine Rede sein. Im Vergleich zur klassischen Bürokratiemessung durch den Normenkontrollrat wird bei der praktizierten Gesetzesevaluierung ein bedeutender institutioneller und polit-ökonomischer Unterschied sichtbar: Durch die Trennung der Überprüfungsaufgabe der Bürokratiekosten von dem federführenden Ressort ist eine kritische Prüfung durch den (lange Zeit) im Kanzleramt angesiedelten Normenkontrollrat aufgrund der institutionellen Distanz zum Ministerium gewährleistet. Ein Ministerium hingegen, das für die Ausarbeitung eines Gesetzes zuständig gewesen ist und zur Evaluierung seiner eigenen Gesetze aufgerufen ist, wird selten zu einem Evaluierungsergebnis kommen, wonach das evaluierte Gesetz seine Wirkung verfehlt oder nur eingeschränkt erreicht habe.[82] Zudem fehlt dem spezialisierten Fachreferat die Expertise für potentielle Nebenwirkungen außerhalb seines Zuständigkeitsbereichs, erst recht, wenn es disziplinär homogen aufgestellt ist. Interdisziplinäre Verständigung ist im Ministerialbetrieb zwar weniger voraussetzungsvoll als im methodisch ausdifferenzierten Wissenschaftsbetrieb, doch bleibt der Austausch in den disziplinären Kernbereichen (z. B. Gesetze schreiben durch Juristen, Konjunkturprognose durch Ökonomen) ein monodisziplinäres Unterfangen.[83] Damit ist eine institutionelle Frage angesprochen: Fachpolitische Verantwortlichkeit sollte von der Zuständigkeit für die Durchführung von Evaluierung getrennt sein, um

---

82 Zu diesem polit-ökonomischen Problem vgl. auch *Boockmann, Bernhard/Buch, Claudia M./Schnitzer, Monika*, Evidenzbasierte Wirtschaftspolitik in Deutschland: Defizite und Potenziale, IZA Standpunkte Nr. 68, Bonn April 2014, S. 21 f.; *Sicko, Corinna*, Gesetzesfolgenabschätzung und -evaluation: Ein Beitrag zum besseren Umgang mit dem Risikofaktor Recht, in: Scharrer, Jörg/Dalibor, Marcel u. a. (Hrsg.), Risiko im Recht – Recht im Risiko, Baden-Baden 2011, S. 199–223, 220.

83 Vgl. auch *van der Meulen, Dirk H.*, The Use of Impact Assessments and the Quality of Legislation, The Theory and Practice of Legislation 1 (2013), S. 305–325, 306 ff.; *Höland, Armin*, Interdisziplinarität der Gesetzesevaluation, Gesetzgebung heute 1 (1990), S. 23–50, 23.

unvoreingenommene Prüfungen sicherzustellen.[84] Die Erfahrungen mit dem Normenkontrollrat zeigen, dass dieser bei der Wahrnehmung seiner Bürokratiekostenkontrolle keine Scheu hatte, den Ministerien die negativen Auswirkungen ihrer Gesetzesentwürfe vorzuhalten. Es müsste folglich um die Stärkung solcher Querschnittsakteure gehen, die sich gegenüber spezialisierten Fachbehörden und den fachspezifischen Interessengruppen durchsetzen können.

G. Fazit

Empörung über Politiker und die von ihnen hervorgebrachten Gesetze sind ritualisierte Praktiken. Als Gesellschaftswissenschaft ist die Rechtswissenschaft diesem Impuls gefolgt. Trotzdem mündete die plakative Forderung nach guter Gesetzgebung nicht in einen verfassungsrechtlich konsentierten Pflichtenkatalog. Eine mehr rechtspolitische als rechtswissenschaftliche Kakophonie hat ein buntes Sammelsurium an Eigenschaften aufgerufen – ein Wunschzettel entstand, auf dem formale, materielle oder prozedurale Gütekriterien landeten. Im verfassungsrechtlich harten Bereich mit bundesverfassungsgerichtlichem Placet finden sich hingegen die in der Grundrechtsdogmatik entwickelten Anforderungen an die Tatsachengrundlagen, an die Prognosegüte oder an die Bestimmtheit von Gesetzen sowie – wenngleich deutlich umstrittener – das Gebot der Folgerichtigkeit einfachgesetzlicher Grundentscheidungen.

Jenseits dieses engen verfassungsrechtlich kontextabhängigen Kerns legt das Verfassungsrecht dem Gesetzgeber keine Zügel an – im Gegenteil: Unter dem Schirm des Demokratieprinzips darf sich der Gesetzgeber rationalisierenden Begehrlichkeiten, Klugheitsgeboten oder geschäftsordnungsrechtlich normierten Praktiken entziehen, um im Gesetzgebungsprozess einer politischen Handlungslogik nachzugeben – einer Logik, der es primär um Konfliktlösung, um Aushandlung und Kompromisssuche, um Interessenausgleich geht.

Wir wollten zeigen: Die aus den unterschiedlichsten Kreisen der Gesetzgebungsbeteiligten – Experten, Ministerien, Verbände, Parlamentarier – häufig angestimmte Klage über unrealistische Fristen, vorenthaltene Informationen, übersprungene Verfahrensschritte, rasendes Tempo oder taube Ohren hängt mit verfassungsrechtlich wünschenswerten Perspektivenverschränkungen zusammen – jenen verfassungsrechtlich sich kreuzenden Sichtschneisen, die dezentrales Wissen und Interessen, organisatorische Kompetenzlogik oder

---

84 Vgl. auch *Frick, Frank/Ernst, Tobias/Brinkmann, Henrik*, Wirksamkeit von Sunset Legislation und Evaluationsklauseln, Gütersloh 2005, S. 5.

gewaltenbalancierende Arithmetik sichern. Sie münden in Konkurrenzen: zwischen Parlament und Regierung, meist (aber nicht immer) kooperativ zwischen Regierung und Regierungsfraktionen, konfrontativ hingegen im Verhältnis zur Opposition; zwischen Ressorts, innerhalb der Ressorts zwischen Abteilungen; zwischen Regierung oder Parlament und externen Experten, Betroffenen oder Interessenträgern. Mittel zur Konkurrenz sind Zuständigkeiten, Fristen, Herrschaftswissen oder Hierarchien – eben jene Mechanismen, die Gesetzesmaterien inhaltlich und prozedural erst entscheidbar machen. Staatsorganisation birgt Konfliktpotential.

Einem Expertentum, dass den Gesetzgeber als dankbaren Empfänger von Wissensprodukten imaginiert, soll dieser Beitrag zu Nüchternheit und Differenzierung verhelfen. Der Umgang mit Wissen ist im Gesetzgebungsprozess abhängig den Händen, in die es gelegt wird. Kann schon nicht die Rede sein von *dem* Gesetzgeber, wird Wissen auf den Mühlen der Ministerialbürokratie anders behandelt als im Parlament. In den Amtsstuben herrscht in der Tendenz eine Sachlogik der Evidenzoptimierer vor. Zwar nicht bar eines politischen Impulses, aber doch in den Bahnen der Evidenzbasierung wird im Ping-Pong der Ressortabstimmung dezentral verteilte Beamtenexpertise (und externe Expertise) verarbeitet. Die beamtenrechtlich abgesicherte Leistungslegitimität bleibt die Signatur dieses Verfahrensabschnitts – anders als die politisch-strategische, unter Kommunikations- und Machtaspekten geführte Diskussion über den Gesetzesentwurf im Parlament. In dieser Sphäre des Letztentscheiders werden Interessen miteinander kompatibel gemacht, indem Konzessionen reziprok ausgetauscht werden, bis das Gesetz mehrheitsfähig ist. Die vertrauenslegitimierten Akteure im Parlament sind weniger an der Sache interessiert – Konsistenz, Logik, Rechtsförmlichkeit, Implementierbarkeit, zuletzt sogar die Rechtmäßigkeit, sind keine Herzensanliegen dieser Akteure; sie sollen es aber auch nicht sein in einer demokratischen Grundordnung, die rohen politischen Willen lediglich hinreichend handhabbar machen und in gesellschaftliche Verbindlichkeit überführen möchte.

Hans Hofmann

Entparlamentarisierung politischer Entscheidungen? Die Rolle von Kommissionen bei der Vorbereitung von Gesetzen im Gesundheitsrecht

A. Krisenzeiten als Extremzeiten auch für die Gesetzgebungsorgane

Der Bundestag hat seit dem Beginn der Corona-Rechtsetzung mehr als 40 Gesetze zu diesem Thema beschlossen[1]; eine Übersicht über die Tagesordnungen des Bundestages seit Februar 2020 ergibt Dutzende von Debatten im Plenum zu Corona-Tagesordnungspunkten mit einer Debattenzeit von weit über 100 Stunden. Er vermag in Krisenzeiten schnell Gesetze zu beschließen,

---

1 Exemplarisch sind dies Regelungen zu den Bereichen Insolvenzrecht, Beschäftigungssicherungsrecht, Steuerrecht, Besoldungs- und Wehrrecht, Energiewirtschaftsrecht, Bundeswahlgesetz, Gesellschafts-, Genossenschafts-, Vereins-, Stiftungs- und Wohnungseigentumsrecht, Krankenhauszukunftsgesetz, Gesetz zur finanziellen Entlastung der Kommunen und Länder, Gesetz zur Änderung des Grundgesetzes (Artikel 104a und 143h), Gesetz über begleitende Maßnahmen zur Umsetzung des Konjunktur- und Krisenbewältigungspakets, Zweites Nachtragshaushaltsgesetz 2020, Pauschalreisevertragsrecht, Sicherstellung der Funktionsfähigkeit der Kammern im Bereich der Bundesrechtsanwaltsordnung, der Bundesnotarordnung, der Wirtschaftsprüferordnung und des Steuerberatungsgesetzes, SURE-Gewährleistungsgesetz, Zweites Corona-Steuerhilfegesetz, Wissenschafts- und Studierendenunterstützungsgesetz, Sozialschutz-Paket II, Gesetz zur Sicherstellung ordnungsgemäßer Planungs- und Genehmigungsverfahren, Gesetze zum Schutz der Bevölkerung bei einer epidemischen Lage von nationaler Tragweite, Krankenhausentlastungsgesetz, Gesetz für den erleichterten Zugang zu sozialer Sicherung, Sozialdienstleister-Einsatzgesetz, Gesetz zur Abmilderung der Pandemie im Zivil-, Insolvenz- und Strafverfahrensrecht, Gesetz über Maßnahmen im Gesellschafts-, Genossenschafts-, Vereins-, Stiftungs- und Wohnungseigentumsrecht, Nachtragshaushaltsgesetz 2020, Wirtschaftsstabilisierungsfondsgesetz, Gesetz für das Kurzarbeitergeld; siehe auch Liste der infolge der COVID-19-Pandemie erlassenen deutschen Gesetze und Verordnungen: https://de.wikipedia.org/.

wie Eil- bzw. Krisengesetzgebungsverfahren[2] der Vergangenheit gezeigt haben. Die COVID-19-Pandemie und insbesondere die Gesetzgebungsverfahren in der Corona-Pandemie fanden oft sehr kurzfristig und überhastet statt, was zumeist dazu führte, dass den Verbänden und externen Beratern nur wenige Stunden für die Abgabe einer Stellungnahme eingeräumt wurde und auch die Fristen im Zusammenhang mit den Anhörungen im Gesundheitsausschuss sehr knapp bemessen waren.[3]

I. Covid-Krise als Stunde der Exekutive – keine Entmachtung des Gesetzgebers

Zur Bekämpfung der Corona-Pandemie hat der Staat, um seiner grundrechtsdeterminierten Schutzpflicht zu genügen, in kürzester Zeit gravierende Beschränkungen der Freiheitsrechte der Bürgerinnen und Bürger verfügt und mehrfach so genannte Lockdown-Zustände des gesellschaftlichen, privaten, wirtschaftlichen und öffentlichen Lebens veranlasst. Zudem hat er einrichtungsbezogene Impfpflichten erlassen, durch Staatshilfen und Unternehmensbeteiligungen in den marktwirtschaftlichen Wettbewerb eingegriffen, die Gesundheitswirtschaft durch Freihaltepauschalen und Bettenprämien, gehaltspolitische Interventionen beim Gesundheitspersonal, Aufgabenübertragungen an die Apothekenwirtschaft und vieles mehr gesteuert. Das gesamte Krisenmanagement hat in der Medien-Öffentlichkeit, der Bevölkerung aber auch der Rechtslehre zu Debatten über die Krisenresilienz des deutschen Bundesstaates, über eine Machtübernahme durch die Bundesregierung und Entmachtung des Parlaments („Ermächtigungsgesetz"), die Funktionalität der Ministerpräsidentenkonferenz, die gesundheitspolitische Effizienz der Krisengesetzgebung, die sozialpolitischen und marktwirtschaftlichen Vor- und Nachteile – ergo insgesamt über die Frage geführt: Wie ist dieses Land durch die Pandemie gekommen?

Individuelle Freiheitsrechte wie etwa die Freiheit der Person, die Versammlungsfreiheit, die Freizügigkeit, die Religionsfreiheit, die Berufsausübungsfreiheit, die Eigentumsfreiheit und die Unverletzlichkeit der Wohnung werden

---

2 *Schwerdtfeger*, Krisengesetzgebung: Funktionsgerechte Organstruktur und Funktionsfähigkeit als Maßstäbe der Gewaltenteilung, 2018; *Hofmann/Kleemann*, Eilgesetzgebung – Besonderheiten im Gesetzgebungsverfahren für sogenannte Eilgesetze, ZG 2011, 313 ff.

3 So konnten mitunter weder die von den Änderungen Betroffenen (wie die Hausärzte und Krankenkassen) ihre Interessen frühzeitig einbringen noch konnte die externe Expertise wirklich berücksichtigt werden.

eingeschränkt, um Kontakte zu reduzieren; Unternehmen wie kulturelle Institutionen mit Publikumsverkehr dürfen nicht bzw. nur unter infektionsschutzrechtlich determinierten Auflagen öffnen oder ihr Gewerbe ausüben: mithin eine enorme Beschränkung wichtiger Freiheitsrechte – und dies ohne parlamentarische Debatte bzw. Beteiligung, mit einem Defizit der Legislativen und einer Verselbständigung der Exekutiven? Im rechtsstaatlich korrekten Verfahren der Krisenbewältigung ist freilich ebenso die Funktion der Jurisdiktion als dritte Staatsgewalt zu betrachten. Erst diese Funktionstrias ergibt, ob oder wie der demokratisch, gewaltengeteilte Rechtsstaat den Stresstest bestanden hat und welche Lehren daraus für die Staatsorganisation und den Grundrechtsschutz in Deutschland, aber auch für die weltweite Freizügigkeit mit globalem Waren- und Personenverkehr sowie die Funktionsfähigkeit supranationaler und internationaler Organisationen gezogen werden können.

II. Verfassungsmäßige Rechtsetzung durch Infektionsschutzgesetznovellen

Die Pandemie ist noch nicht vorüber – gleichwohl sind Evaluierungen, Analyse und Kritik bereits lange angelegt und geboten, um *lessons to be learned* zu finden und Systemoptimierung zu betreiben. Die Regelungen zur Beschränkung der persönlichen Freiheitsrechte bedeuteten einen besonderen Stresstest für den Rechtsstaat und die Funktionalität des parlamentarischen Rechtssetzungsprozesses wie dessen administrative Ausführung. Die Reaktionsgeschwindigkeit und inhaltliche Steuerungsrichtigkeit der Gesetzgebung in Deutschland hat eine Probe seiner Funktionalität vorgelegt, die einer Systemprüfung und Wirkungskontrolle zu unterziehen sein wird. Denn (gute) Gesetzgebung ist tatsächlich eine Kunst; dem widerspricht keineswegs das Zitat, das der erfahrene Staatslenker und Regulierer Reichskanzler Otto von Bismarck geprägt haben soll: „Gesetze sind wie Würste, man sollte besser nicht dabei sein, wenn sie gemacht werden", denn auch gute Wurst zu produzieren, kann eine Kunst sein.

Das Grundgesetz praktiziert das Modell einer delegierten Rechtssetzung[4]: Über das „Ob" entscheidet das Parlament. Die Feststellung einer

---

4 Delegierte Rechtsetzung durch Rechtsverordnungen der Exekutive findet in zahlreichen Rechtsgebieten statt, vor allem dort, wo es auf schnelle Anpassung an sich ändernde Verhältnisse und eine entsprechende Flexibilität bei der Rechtsetzung ankommt. Beispiele sind etwa das Umweltrecht (mit den immer wieder geänderten Immissionsschutzverordnungen), das Lebensmittelrecht und das Recht der Landwirtschaft (Stichwort „Umsetzung von EU-Recht", Tierseuchenbekämpfung o.ä.). Auch im

epidemischen Lange von nationaler Tragweite durch den Deutschen Bundestag nach § 5 Abs. 1 IfSG ist gewissermaßen der „rote Knopf" zum Entsichern des im Einzelnen im Gesetz geregelten Maßnahmenpakets.[5] Zugleich entscheidet das Parlament damit aber auch weitgehend über das „Wie". Es bestimmt nämlich mit den im Infektionsschutzgesetz und anderen Gesetzen getroffenen Regelungen die notwendigen rechtlichen Grundlagen für das Handeln der Regierungen von Bund und Ländern.[6] Es gibt auch in der Pandemie gerade keinen rechtsfreien Raum oder eine Art „übergesetzlichen Notstand". In einem Rechtsstaat ist

---

Verkehrsrecht finden sich zahlreiche Verordnungsermächtigungen. Zumeist wird hier zwar die Bundesregierung oder ein Bundesministerium ermächtigt, es gibt aber auch Verordnungsermächtigungen zugunsten der Landesregierungen. Dabei geht es meist um Regelungen, die – wie im IfSG – spezifische Situationen oder Besonderheiten in den Ländern erfassen sollen. Vgl. diverse VO-Ermächtigungen, die an die Landesregierungen gerichtet sind, z. B. im Wasserhaushaltsgesetz und im BauGB, im Hopfengesetz (§ 2), im Milch- und Margarinegesetz (§ 7) oder die Organisationsfragen betreffen (z. B. § 959 ZPO, Artikel 24 Gesetz zur Förderung des elektronischen Rechtsverkehrs mit den Gerichten, § 81 SGB XII, § 13 AntiDopingG, § 2 Abs. 2 Zivilschutz- und Katastrophenhilfegesetz.

5   Die Befugnisse bestehen zudem nur, wenn der Deutsche Bundestag gem. § 5 Abs. 1 IfSG eine „epidemische Lage von nationaler Tragweite" feststellt. Der Bundestag entscheidet auch, wann diese epidemische Lage nicht mehr besteht, was im Bundesgesetzblatt zu veröffentlichen ist. Vorgesehen ist jetzt auch, die Feststellung von vornherein mit einem „Verfallsdatum zu versehen. Sie tritt nach 3 Monaten automatisch außer Kraft, wenn das Parlament nicht erneut darüber entscheidet.

6   Der Deutsche Bundestag wurde und wird von der Bundesregierung zur Bewältigung der COVID-19-Pandemie informiert: Die Bundeskanzlerin informierte die Fraktionsvorsitzenden unmittelbar nach ihren Besprechungen mit den Regierungschefs der Länder. Am 19. Januar 2021 erfolgte zusätzlich eine Videokonferenz vor der Besprechung. Die Bundeskanzlerin hat in der 19. Legislaturperiode vier Regierungserklärungen seit Oktober 2020 abgegeben (29. Oktober 2020, 26. November 2020, 11. Februar 2021, 25. März 2021). Zudem hat sie das Thema in der Generaldebatte am 9. Dezember 2020 und in der Regierungsbefragung am 16. Dezember 2020 angesprochen. BM Spahn hat am 13. Januar 2021 eine Regierungserklärung zur Impfstrategie, BM Altmaier hat am 28. Januar 2021 eine Regierungserklärung zu den wirtschaftlichen Folgen der COVID-19-Pandemie (im Rahmen des Jahreswirtschaftsberichts) abgegeben. BM Spahn unterrichtete den Gesundheitsausschuss seit dem Ende der Sommerpause 2020 regelmäßig über die Bewältigung der COVID-19-Pandemie. Der Gesundheitsausschuss tagt häufig ausschließlich oder zumindest auch zur aktuellen Lage der Pandemie. Eine gesonderte Tagung erfolgte am 8. Dezember 2020 zur COVID-19-Impfempfehlung. Die Bundesregierung beantwortet (über alle Ressorts hinweg) eine hohe Anzahl von parlamentarischen Fragen und Anfragen.

alles Handeln der Exekutive an Gesetz und Recht gebunden (Art. 20 Abs. 3 GG). Auch soweit die Exekutive durch den Erlass von Rechtsverordnungen Rechtsetzung betreibt, handelt sie nicht aus eigener Machtvollkommenheit, sondern im Auftrag des Parlaments. Denn es ist stets eine delegierte Rechtsetzung anhand einer notwendigerweise nach Inhalt, Zweck und Ausmaß hinreichend bestimmten gesetzlichen Verordnungsermächtigung (Art. 80 Abs. 1 S. 2 GG).

B. Methodik der Eil- oder Krisengesetzgebung

I. Inflation beschleunigter Gesetzesbeschlüsse

Die Gesetzgebungsorgane vermögen in Krisenzeiten schnell Gesetze zu beschließen, wie Eil- bzw. Krisengesetzgebungsverfahren[7] der Vergangenheit gezeigt haben: RAF-Kontaktsperregesetze, BSE-Rinderwahn, Oder-Flutopferhilfe, Asylverfahrensbeschleunigungsgesetz (Asylpaket), dem Finanzmarktstabilisierungsänderungsgesetz (Hypo Real Estate-Gesetz), dem Währungsunion-Finanzstabilitätsgesetz (Griechenland-Schirm), dem Energie-Paket (Beschleunigte Energiewende, Atomausstieg), den Gesetzen für einen europäischen Stabilisierungsmechanismus (EFSF), die Flüchtlingskrise und zuletzt die Covid-Pandemie-Gesetze. Es handelte sich dabei um Gesetze, die durch die Gesetzgebungsorgane z. T. in Wochenfrist[8] beschlossen worden sind. Diese Verfahrenspraxis ist teilweise kritisiert worden, entspricht aber in ihren staatspraktischen Ausführungen durchaus den Anforderungen, die das Grundgesetz sowie die weiteren einfachgesetzlichen wie geschäftsordnungsrechtlichen Regelungen an ein ordentliches Gesetzgebungsverfahren stellen. Das dabei teilweise praktizierte Instrument der „Formulierungshilfe" ist zudem eine seit Jahrzehnten von den Verfassungsorganen genutzte Beschleunigungsmethode in Situationen, in denen Eile geboten war.[9] Doch kann und darf diese Gesetzgebungsmethode nicht zur regelhaften Normalität werden. Der Bundestag lebt von Debatten, Hearings und politischen Diskussionen. Eilbeschlüsse oder Schnellschüsse dienen nicht seinen Konstruktionsmerkmalen. Zudem bestand in der

---

7 *Schwerdtfeger,* Krisengesetzgebung: Funktionsgerechte Organstruktur und Funktionsfähigkeit als Maßstäbe der Gewaltenteilung, 2018; *Hofmann/Kleemann,* Eilgesetzgebung – Besonderheiten im Gesetzgebungsverfahren für sogenannte Eilgesetze, ZG 2011, 313 ff.

8 Vgl. dazu die Übersicht im Beitrag von *Gallon,* in diesem Band.

9 *Hofmann/Kleemann,* Eilgesetzgebung – Besonderheiten im Gesetzgebungsverfahren für sogenannte Eilgesetze, ZG 2011, 313 ff.

Corona-Krise die Notwendigkeit einer schnellen Anpassung bestehender gesetzlicher Regelungen in zahlreichen Bereichen, um eine „Corona-kompatible"
Gestaltung zu ermöglichen.

II. Formulierungshilfe und Paralleleinbringung

1. Formulierungshilfen im Gesetzgebungsverfahren

Während der ersten Großen Koalition im Jahre 1968 wurde das Gesetzgebungs-
instrument der Formulierungshilfe erstmals praktiziert, um einen damals attes-
tierten Reformstau aufzulösen, der durch politische Blockaden im Bundesrat
ausgelöst worden sein sollte. Dieses Verfahrensinstrument zur Vermeidung des
ersten Durchganges im Bundesrat wurde lange kritisiert, ist in der rechtset-
zungsmethodischen Staatspraxis inzwischen aber als gängiges wie anerkanntes
Vorgehen anzusehen und seit Jahrzehnten durch alle jeweiligen Regierungskon-
stellationen praktiziert worden.

Durch den Beschluss einer Formulierungshilfe seitens der Bundesregierung
und die anschließende Einbringung aus der Mitte des Bundestages wird faktisch
eine Ausnahme von der Möglichkeit des Bundesrates zur Stellungnahme zu
einer Vorlage der Regierung gem. Art. 76 Abs. 2 S. 2 GG gebildet, da der erste
Durchgang des Bundesrates in diesem Falle gänzlich entfällt. Zugleich wird der
Bundestag zum Instrument der Beschleunigung bzw. Verkürzung der Verfah-
rensfristen im Gesetzgebungsverfahren.

Formulierungshilfen für Gesetzentwürfe aus der „Mitte des Bundestages"
umfassen Fälle, in denen die Koalitionsfraktionen allein oder gemeinsam, selten
auch unter Einbeziehung von Oppositionsfraktionen, einen Gesetzentwurf einbringen wollen.[10] In diesen Fällen kann der jeweilige Bundesminister auf Bitten
der Fraktionen entscheiden, dass sein Ressort die Fraktionen durch sog. Formulierungshilfen unterstützt (vgl. § 52 GGO). Das Fachministerium erstellt dann
unter Mitwirkung anderer Ressorts den Gesetzentwurf; dieser kann sowohl mit
einem förmlichen Kabinettbeschluss versehen werden (formelle Formulierungshilfe) als auch ohne Kabinettbeschluss durch ein Ministerschreiben (informelle
Formulierungshilfe) den Regierungsfraktionen übermittelt werden.

So werden z. B. Initiativen im Wahlrecht in der Staatspraxis üblicherweise als
Gesetzentwürfe der Regierungsfraktionen, aber aufgrund von Formulierungshilfen der Bundesregierung eingebracht, vgl. Gesetzentwurf der Fraktionen der

---

10 *Von der Decken*, in: Schmidt-Bleibtreu/Hofmann/Henneke, GG, 2022, Art. 50
   Rn. 20, 21.

CDU/CSU und FDP für ein 19. Gesetz zur Änderung des BWG (BT-Drs. 17/
6290); Gesetzentwurf der Fraktionen der CDU/CSU und SPD für ein Gesetz zur
Änderung des Wahl- und Abgeordnetenrechts (BT-Drs. 16/7461); Gesetzentwurf der Fraktionen SPD und Bündnis 90/Die Grünen (15/4492). Die Gesetzentwürfe zur Föderalismusreform I (BT-Drs. 16/813 und 16/814) wurden von
den neuen Regierungsfraktionen CDU/CSU und SPD auf der Grundlage von
Formulierungshilfen eingebracht, die von der Bundesregierung im Zusammenwirken mit den Ländern und Fraktionen erstellt worden waren.

Auch wenn sie von den Regierungsfraktionen eingebracht werden, sehen
Kritiker diese als Entwürfe der Bundesregierung, die den Fraktionen „zuge-
spielt" werden. Auch von einer „Inanspruchnahme der Regierungsfraktionen"
als Initiatoren für eigentliche Regierungsentwürfe und von „Umgehung" oder
„Kunstgriff" ist die Rede. Diese Interpretation des komplexen Zusammen-
spiels verschiedener Akteure in Parlament und Regierung als „verkappte Regierungsvorlagen" basiert auf einem gouvernementalistischen Verständnis und
berücksichtigt nicht genügend die Eigengesetzlichkeiten des parlamentarischen
Regierungssystems. An die Stelle des alten Gegensatzes von Parlament und
Regierung im Konstitutionalismus ist in moderner deutscher Verfassungsstaat-
lichkeit eine engere institutionelle und funktionelle Verbindung und eine von
der Mehrheit des Parlaments getragene Regierung getreten.

Dabei ist in der modernen Gesetzgebungspraxis die quantitative Dominanz
der formell von der Regierung eingebrachten Gesetzesinitiativen und die Rolle
der Ministerien bei der Erarbeitung der Entwürfe materiell nicht unbedingt eine
politische Schwäche des Parlaments. Denn unter den Bedingungen des parlamentarischen Regierungssystems handelt auch die Regierung in Erfüllung politischer Vorgaben von Mehrheitsfraktionen sowie als gesetzgebungstechnischer
Umsetzer eines von politischen Parteien geschlossenen Koalitionsvertrages;
diese Parteien wiederum tragen bzw. bilden ihrerseits die Regierungsfraktionen.

Die Wege wie Methoden gegenseitiger Interaktion und Beeinflussung der
Akteure und Verfassungsorgane sind vielfältig. Die Form des für die Einbringung der Vorstellungen der Mehrheit gewählten Weges muss nicht die tatsächlichen Einflussverhältnisse widerspiegeln. So kann eine Formulierungshilfe
der Bundesregierung als rein gesetzestechnische Umsetzung eines anderweitig
gebildeten politischen Willens und als legislatorische Hilfsfunktion der Ministerien im parlamentarischen Regierungssystem gesehen werden.[11]

---

11 *Boehl*, in: Kluth/Krings (Hrsg.), Gesetzgebung, 2014, § 15, Rn. 37 ff.

Ebenso bildet eine Formulierungshilfe auf der Grundlage des gemeinsamen Regierungsprogramms oder des Koalitionsvertrages zuweilen auch die Lösung einer politischen Grundsatzfrage der Regierungsparteien, die sich die Regierungsfraktionen zu eigen machen können. Genau so kann es sich bei einer Formulierungshilfe aber auch um einen reinen Regierungsentwurf handeln, der von den Regierungsfraktionen vor allem deshalb eingebracht wird, um die hinter ihnen stehenden politischen Parteien mit einem besonders populären Projekt zu identifizieren oder aber die von ihnen getragene Bundesregierung in der öffentlichen Wahrnehmung von der Verantwortung für ein besonders umstrittenes Projekt zu entlasten.

2. Paralleleinbringung im Gesetzgebungsverfahren

Im Fall der Paralleleinbringung beschließt die Bundesregierung einen Gesetzentwurf, der als eigener Gesetzentwurf mit eigener Drucksachennummer dem Bundesrat zugeleitet wird (Ges-E A). Die Regierungsfraktionen bringen aber zugleich und zumeist zeitgleich („parallel") zur Verfahrensbeschleunigung einen inhaltsgleichen Gesetzentwurf als Initiative der Regierungsfraktionen (Ges-E B) in den Bundestag ein, der dort ebenso eine eigene Drucksachennummer erhält. Im Rahmen der weiteren Beratungen des Bundestages werden dann in der Regel beide Gesetzentwürfe im federführenden Ausschuss zusammengeführt. Das Gesetzgebungsverfahren wird durch diese Verfahrensart beschleunigt, da der Bundestag die Regelungsmaterie parallel zum Bundesratsverfahren bereits beraten kann und nicht erst die Sechs-Wochen-Frist des Art. 76 Abs. 2 S. 2 GG abgewartet werden muss.[12] So wurden beispielsweise das Klimaschutzgesetz 2019 oder auch die Gesetze zum sog. Energiepaket 2017 parallel in den Bundestag und den Bundesrat eingebracht.

Eine Paralleleinbringung liegt also dann vor, wenn ein identischer Gesetzentwurf sowohl als Gesetzentwurf der Bundesregierung (Ges-E A) als auch als Gesetzentwurf der Regierungsfraktionen in die parlamentarischen Beratungen eingebracht wird (Ges-E B). Die politischen Gründe für die Paralleleinbringung sind ähnlich wie bei einer Formulierungshilfe: Die Paralleleinbringung führt zu einer deutlichen Beschleunigung der Gesetzesberatungen bei gleichzeitiger Beteiligung des Bundesrates in einem ersten Durchgang. Die Beschleunigung wird dadurch erzielt, dass nahezu zeitgleich zu den Beratungen im Bundesrat

---

12 *Von der Decken*, in: Schmidt-Bleibtreu/Hofmann/Henneke, GG, 2022, Art. 50 Rn. 20, 21; Hofmann/Birkenmeier, in: Kluth/Krings (Hrsg.), Gesetzgebung, 2014, § 12, Rn. 38.

über den Regierungsentwurf die Beratungen im Bundestag über die Fraktions-
initiative stattfinden.[13]

Der Gesetzentwurf der Bundesregierung (Ges-E A) läuft also nach dem Kabinettbeschluss an den Bundesrat, der eine Stellungnahme dazu abgibt und der
meist eine Gegenäußerung der Bundesregierung folgt. Der Gesetzentwurf der
Regierungsfraktionen (Ges-E B) wird von diesen „aus der Mitte des Bundestages" eingebracht und einer 1. Lesung im Plenum und der Verweisung in die
Ausschüsse unterzogen. Noch bevor die Ausschussberatungen im Bundestag
zum vorauseilenden Gesetzentwurf der Regierungsfraktionen (Ges-E B) abgeschlossen sind, kann im federführenden Ausschuss der Gesetzentwurf der Bundesregierung (Ges-E A) zusammen mit der Stellungnahme des Bundesrates
und der Gegenäußerung nachfolgen. Damit erhält der federführende Ausschuss
Kenntnis von dem im Bundesrat durch die Stellungnahme geltend gemachten
Änderungsbedarf und der Gegenargumente der Bundesregierung durch die
Gegenäußerung; die Abgeordneten können somit noch auf diese Argumente
reagieren und diese ggf. im Wege von Änderungsanträgen noch berücksichtigen.
Der Gesetzentwurf der Bundesregierung (Ges-E A) wird sodann im Ausschuss
für erledigt erklärt, wohingegen der Gesetzentwurf der Regierungsfraktionen
(Ges-E B) das Gesetzgebungsverfahren weiter durchläuft und idealerweise als
durch den Bundestag in 2. und 3. Lesung und vom Bundesrat in seiner das Ver-
fahren abschließenden Beratung beschlossen wird. Bei einem konventionellen
Gesetzgebungsverfahren auf der Grundlage eines Gesetzentwurfes der Bundes-
regierung berät der Bundesrat einen Entwurf in 2 Durchgängen: Beratung des
Bundesrates über die Stellungnahme ist der 1. Durchgang, die abschließende
Beratung des Bundesrates ist der 2. Durchgang. Da bei einer Paralleleinbringung
der Gesetzentwurf der Regierungsfraktionen (Ges-E B) keinen 1. Durchgang im
Bundesrat erhalten hat, spricht man hier von einem „unechten 2. Durchgang".[14]

Diese Möglichkeit der Berücksichtigung von Forderungen des Bundesrates
macht eine Paralleleinbringung gegenüber der isolierten Fraktions- bzw. Koaliti-
onsinitiative attraktiv, weil die Forderungen des Bundesrates im Gesetzgebungsverfahren berücksichtigt werden können. Auf den ersten Durchgang des Ges-E
A wird im Bundesrat zumeist dann nicht verzichtet, wenn der Gesetzentwurf mit
den Ländern nicht im Einzelnen abgestimmt ist und die Mehrheitsverhältnisse

---

13 *Boehl*, in: Kluth/Krings (Hrsg.), Gesetzgebung, 2014, § 15, Rn. 47 ff.; *Risse/Wisser*,
 in: Kluth/Krings (Hrsg.) Gesetzgebung, 2014, § 18, Rn. 29.
14 *Risse/Wisser*, in: Kluth/Krings (Hrsg.), Gesetzgebung, 2014, § 18, Rn. 49 f.

im Bundesrat es als möglich erscheinen lassen, dass der Gesetzentwurf im zweiten Durchgang (nach Art. 77 Abs. 1 S. 2 GG) scheitern könnte.

Ob zwei wortgleiche Gesetzentwürfe, die im Bereich der Regierung erstellt wurden, eine Funktionalisierung der Regierungsfraktionen für Zwecke der Regierung, eine Funktionalisierung des Regierungsapparats für Zwecke der Fraktionen oder ein im parlamentarischen Regierungssystem wenig überraschender Gleichklang zwischen Parlamentsmehrheit und der von ihr getragenen Regierung sind, spiegelt die unterschiedlichen Sinnperspektiven wider.

C. Einbeziehung und Beteiligung externer Player im Gesetzgebungsverfahren

I. Vorgabe der GGO zur Beteiligung Externer bei der Entstehung eines Gesetzentwurfes

In der 19. Wahlperiode wurden rund 941 Gesetzentwürfe ins Parlament eingebracht. Davon stammten 489 von der Bundesregierung, 317 aus dem Bundestag und 135 vom Bundesrat. Für die noch relativ junge 20. Wahlperiode (Stand 01.08.2022) ergeben sich 136 in das Parlament eingebrachte Gesetzentwürfe, von denen 43 auf die Bundesregierung zurückgehen, 58 aus dem Bundestag und 35 vom Bundesrat stammen.[15] Die Bundestagsinitiativen enthalten allerdings in diesen Daten eine große Zahl von so genannten „Paralleleinbringungen" oder „Formulierungshilfen".[16] Das bedeutet: Bei Paralleleinbringungen werden Gesetzentwürfe mit identischem Inhalt gleichzeitig von der Bundesregierung und den sie tragenden Regierungsfraktionen eingebracht. Bei Formulierungshilfen formuliert die Bundesregierung den Gesetzentwurf, der sodann unter dem Rubrum der Regierungsfraktionen gebracht wird. Damit wird eine Verkürzung der Beratungsfristen erreicht. Diese Paralleleinbringungen ebenso wie Formulierungshilfen sind immer Instrumente der Beschleunigung des Gesetzgebungsverfahrens – mit der unausweichlichen Folge, dass externe Beratung in diesem Prozess durch Kommissionen, Verbände, Interessengruppen einerseits organisatorisch erschwert wird, aber andererseits gerade sehr gerufen ist, da innerhalb von wenig zur Verfügung stehender Zeit viel Expertise vonnöten ist.

Neben der GGO der BReg und der GOBT des Bundestages gibt es kaum rechtliche Konkretisierungen für das Gesetzgebungsverfahren, was die interne

---

15 *Statistik der Gesetzgebung*, Parlamentsdokumentation, Deutscher Bundestag, 8. Januar 2021, S. 1, 1. August 2022, S. 1 f.

16 *Von der Decken*, in: Schmidt-Bleibtreu/Hofmann/Henneke, GG, 2022, Art. 50 Rn. 20.

Erstellung von Regierungsentwürfen durch die BReg oder das innerparlamentarische Verfahren des BT zu deren Gesetzesbeschluss und die Beteiligung Externer betrifft. Die Geschäftsordnung der Bundesregierung sieht vor, bereits im vorparlamentarischen Raum den verschiedenen Interessengruppen eine Mitwirkung an jedem ihrer Gesetzgebungsprojekte einzuräumen. Nach der Gemeinsamen Geschäftsordnung der Bundesministerien (GGO) sind bei der Erstellung eines Gesetzentwurfes durch die Bundesregierung auf dem Weg zum sogenannten Referentenentwurf bereits Verbände, Interessenvertreter, Länder und Kommunale Spitzenverbände in die Überlegungen mit einzubeziehen (§§ 47, 48 GGO).[17] Dadurch wird die Regierung einerseits in dieser Phase in den Mittelpunkt der verschiedenen Einwirkungsversuche des „Lobbyismus" durch Verbände, Interessenvertreter, Länder und Kommunale Spitzenverbände gerückt. Grundsätzlich liegt es dabei im Ermessen des fachlich zuständigen Bundesministers, darüber zu entscheiden, welche Gruppen im Rahmen dieses „Konsultationsverfahrens" zu Stellungnahmen gegenüber Gesetzesinitiativen eingeladen werden. Interessengruppen können daher schon in diesem frühen Stadium Einfluss auf den Gesetzentwurf nehmen. Oftmals erfahren sie schon vor den Abgeordneten des Deutschen Bundestages von dem Entstehen eines Gesetzesvorhabens. Andererseits ist bereits zu diesem Zeitpunkt der Entstehung eines Gesetzentwurfes die Möglichkeit gegeben, Kommissionen zu bilden, die einen Gesetzentwurf erarbeiten.

II. Vorgabe der GOBT zur Anhörung Externer bei der parlamentarischen Beratung eines Gesetzentwurfes

Das zweite Zeitfenster zur möglichen Bildung und Involvierung von Kommissionen in das Gesetzgebungsverfahren sieht sich im parlamentarischen Entscheidungsverfahren durch § 70 GOBT eröffnet, der Anhörungen der Bundestagsausschüsse vorsieht und zuweilen bereits den Einsatz kurzfristig gebildeter Kommissionen ermöglicht hat, die zu scheitern drohende

---

17 Regierungsvorlagen werden im fachlich zuständigen Ministerium auf Referatsebene erarbeitet, daher heißt ein noch nicht von der Bundesregierung beschlossener Gesetzentwurf „Referentenentwurf". In den ersten Jahrzehnten der Bundesregierung hatten Referatsleiter die Funktionsbezeichnung „Referent", erst später kam es zum upgrading der Bezeichnung, indem die Leiter eines Referates auch die Funktionsbezeichnung „Referatsleiter" erhielten und die Mitarbeiter des Höheren Dienstes eines Referates als „Referenten" bezeichnet worden sind. Gemeint ist also mit einem „Referentenentwurf" ein „Referatsentwurf".

Gesetzgebungsverfahren „retten" sollten. Was ist grundsätzlich davon zu halten, außerparlamentarische Kommissionen in das Gesetzgebungsverfahren einzubinden, wie es im Gesundheitsrecht immer wieder geschieht? Der Gang der Gesetzgebung erinnert an einen Marathonlauf.[18] Das Hinzuziehen von Interessengruppen und Sachverständigen bei Anhörungen oder in außerparlamentarischen Kommissionen bietet Chancen und Risiken. Die Komplexität von Gesetzen und Gesetzgebungsverfahren ist einerseits ein Garant für Demokratie, zivilisatorische Gesetzeskultur und Rechtsstaatlichkeit. Komplizierte Sachverhalte können kaum mit einfachen Gesetzen geregelt werden. Außerparlamentarische Kommissionen, Berater und Gremien können dieser Komplexität kompetent begegnen und sinnvolle Gesetzesvorlagen (mit)erarbeiten. Bildet dies allerdings die Gefahr einer Entparlamentarisierung oder Entpolitisierung politischer Entscheidungen? Besteht dabei nicht andererseits die Gefahr, dass Gesetze zu undurchsichtig werden und nur noch Experten sie beurteilen können? Droht damit eine Verlagerung politischer Entscheidungen in den außerparlamentarischen Bereich, eine Expertokratie[19]?

D. Exemplarische Kommissionen als institutionelle Beratung im Gesetzgebungsverfahren

I. AIDS-Kommission, § 5 IX IfSG-Kommission, Krankenhauskommission, Sachverständigenrat im Gesundheitswesen und viele andere Institutionen und Kommissionen im Gesundheitswesen

Außerparlamentarische Kommissionen im Gesundheitsbereich sind und waren etwa die Enquête-Kommission „Gefahren von AIDS und wirksame Wege zu ihrer Eindämmung" (1990); die Sachverständigenkommission zur Evaluation des IfSG nach § 5 IX IfSG, sie hat im Juni 2022 ihren Evaluationsbericht unterbreitet[20], der auf recht geteiltes Echo gestoßen ist; aktuell tagt die „Regierungskommission

---

18 *Hofmann*, Deutsches Ärzteblatt, PP 4, 06/2005, S. 256 ff.
19 Vgl. zu diesem Terminus und der Frage, wie Gesetze bzw. Recht überhaupt expertokratisch und populistisch geprägt wird und optimale Entscheidungen vollständig informiert und dennoch demokratisch legitimiert getroffen werden; dabei geht es darum, wie eine funktional sinnvolle Beteiligung von Experten an hoheitlicher Entscheidungsfindung stattfinden kann und welche institutionellen Vorkehrungen hierfür zu treffen sind: *Münkler*, Expertokratie, 2022.
20 „Evaluation der Rechtsgrundlagen und Maßnahmen der Pandemiepolitik", Bericht des Sachverständigenausschusses nach § 5 Abs. 9 IfSG, Berlin, 30. Juni 2022.

für eine moderne und bedarfsgerechte Krankenhausversorgung", ihre Empfehlungen sollen Grundlage für Krankenhausreformen ab dem Jahr 2023 werden. Bereits seit 1985 existiert ein aus Wissenschaftlern, vor allem Medizinern und Gesundheitsökonomen zusammengesetzter Sachverständigenrat, der sich mit der „Weiterentwicklung des Gesundheitswesens" befasst. Er legt dem Gesundheitsministerium etwa alle zwei Jahre ein Gutachten zu ausgewählten Problemfeldern vor. Hinzu kommen vom Bundesminister für Gesundheit angeforderte Sondergutachten.

Insbesondere im Gesundheitssektor finden sich eine Vielzahl von existenten Institutionen und Kommissionen, die ausdrücklich auf der Website des Bundesgesundheitsministeriums als in der Politik und Gesetzgebung Mitwirkende ausgewiesen werden: Bundesvereinigung Deutscher Apothekerverbände, Pflegekammern, Psychotherapeutenkammern, Zahnärztekammern, GKV-Spitzenverband, Kassenärztliche Bundesvereinigung, Ärztekammern, Krankenhausgesellschaften, GKV-Spitzenverband, Schiedswesen, Bundesversicherungsamt, Kassenzahnärztliche Bundesvereinigung, Institut für Qualität und Wirtschaftlichkeit im Gesundheitswesen, Private Krankenversicherung, Gesetzliche Krankenkassen, Gesetzliche Unfallversicherung, Medizinische Dienste, Pflegekassen, Private Pflegepflichtversicherung, Gemeinsamer Bundesausschuss, Bewertungsausschüsse, Berufsverbände, Patientenverbände, Selbsthilfeorganisationen, Ethikgremien.

II. Der Corona-Expertenrat der Bundesregierung

Exemplarisch betrachtet ist der Corona-Expertenrat als Typus zu betrachten, der Pro und Contra solcher Kommissionen als externe Berater symbolisiert. Als Beratungsgremium zur Bewältigung der Corona-Pandemie hat die Bundesregierung den Expertenrat geschaffen. Dessen Schaffung beruht auf einer Vereinbarung von Bund und Ländern (MPK-Format, Videoschaltkonferenz der Bundeskanzlerin mit den Regierungschefinnen und Regierungschefs der Länder) vom 2. Dezember 2021, wonach ein wissenschaftliches Expertengremium im Bundeskanzleramt eingerichtet wird. Das Bundeskanzleramt hat daraufhin den Expertenrat mit der Beratung der Bundesregierung auf der Grundlage aktueller wissenschaftlicher Erkenntnisse zur COVID-19 Pandemie beauftragt. Der Expertenrat ist mit Wissenschaftlerinnen und Wissenschaftlern unterschiedlicher Disziplinen besetzt und erarbeitet Empfehlungen für die Pandemiebewältigung. Diese Zusammensetzung bündelt wissenschaftliche Expertise aus verschiedenen Fachbereichen mit verwaltungspraktischer Expertise.

Seine Konstituierung erfolgte am 14. Dezember 2021 auf die Einladung des Chefs des Bundeskanzleramtes.

Der Expertenrat ist ehrenamtlich statuiert und soll eine unabhängige Expertise zur Politikberatung darstellen. Er tagt im regelmäßigen bedarfsangepassten Turnus unter Ausschluss der Öffentlichkeit. Das Bundeskanzleramt hat den Expertenrat mit der Beratung der Bundesregierung auf der Grundlage aktueller wissenschaftlicher Erkenntnisse zur COVID-19 Pandemie beauftragt. Auf dieser Basis soll der Rat unmittelbar das Bundeskanzleramt aufgrund aktueller wissenschaftlicher Erkenntnisse über infektionsbiologische, epidemiologische, gesundheitssystemische, psychosoziale und gesellschaftliche Entwicklungen informieren sowie ebenso sekundäre Folgen und Kommunikationsmaßnahmen zur Corona-Pandemie in seine Beratungsinhalte einbeziehen. Der Expertenrat hat sich als Grundlage seiner Arbeitsweise eine Geschäftsordnung gegeben.

Der Expertenrat soll zu diesem Zweck Überlegungen zu kurz-, mittel- und langfristigen Perspektiven und Handlungsoptionen zur Bewältigung der Pandemie und der Steigerung der Resilienz anstellen und Empfehlungen für die Pandemiebewältigung und zur Vorbeugung von weiteren Pandemien erarbeiten. Wesentliche Ergebnisse der Beratungen werden dem Bundeskanzleramt als Stellungnahmen oder Empfehlungen vorgelegt und grundsätzlich veröffentlicht. In diesem Sinne hat der Rat bis zum Herbst 2022 zu den verschiedensten Fragestellungen elf Stellungnahmen veröffentlicht. Regelmäßige mündliche Information durch die Vorsitzenden des Expertenrates erfolgt zudem direkt an das Bundeskanzleramt oder auch an andere Gremien.[21]

Bilanziert man den Impact seiner veröffentlichten Gutachten, Positionspapiere und Stellungnahmen, so kann das Resultat kaum anders lauten, als dass (natürlich) nicht alle seine Empfehlungen durch die Bundesregierung oder den Bundestag übernommen wurden. Dies hat schon das eine oder andere Mitglied zur Klage oder zum Rückzug bewogen, es spiegelt jedoch andererseits nichts anderes als die politisch-demokratische Legitimationszuteilung durch das Grundgesetz: Verfassungsrechtlich und demokratisch befugte Entscheiderin ist die Politik bzw. das jeweilige Verfassungsorgan – Kommissionen sind eben doch nicht mehr als Berater.

---

21 *Busse/Hofmann*, Bundeskanzleramt und Bundesregierung, 2022, S. 258 ff.

III. Die „Hartz-Kommission" – Mutter aller Kommissionen?

Die verkürzt als „Hartz-Gesetzgebung" bezeichneten Gesetzeswerke aus dem Jahr 2002 unter dem Titel „Moderne Dienstleistungen am Arbeitsmarkt" regelten in vier Gesetzespaketen (Hartz I bis IV) und 13 Modulen Arbeits-, Sozialrecht, Arbeitsorganisation und vieles mehr.[22] Sie waren ein besonders aufsehenerregendes Beispiel für den Willen des Gesetzgebers, gesellschaftliche Verhältnisse umzugestalten; zugleich war die Kommission und ihre Einrichtung aber auch Synonym eines gesetzgebungsmethodischen Parforcerittes besonderer Art.

Bei einem solchen Projekt sind Evidenz, Wissenschaftlichkeit oder Fachkunde umso mehr gefordert und gefragt. Als die Regierung Schröder die Hartz-Reformen gemacht hat, wurden diese so genannt, weil eine 15-köpfige Kommission („Moderne Dienstleistungen am Arbeitsmarkt") unter der Leitung von Peter Hartz gebildet wurde, einem Personalvorstand von VW. In dieser Kommission waren Wissenschaftler, Politiker und Verbände, also allesamt Stakeholder und beteiligte Gruppen, Vertreter der Adressaten und sachkundige Wissenschaftler. Sie hat man alle mehr oder weniger klausurartig zusammengebracht und in kürzester Zeit die Gesetze entwerfen lassen. Danach sind diese Gesetze in den Bundestag eingebracht worden und die Regierung (der Bundeskanzler hatte damals die Einführungsrede bei einer Präsentationsveranstaltung im Schauspielhaus am Gendarmenmarkt gehalten) hat die Gesetzentwürfe vorgestellt. Dabei hat Bundeskanzler Schröder das politische Postulat ausgegeben, dass die Gesetzentwürfe „eins zu eins" durch das Parlament umgesetzt werden sollten und damit das Projekt mit seinem politischen Amt verknüpft. Tatsächlich haben sowohl der Bundestag in seinen drei Lesungen der Gesetzentwürfe als auch der Bundesrat im parlamentarischen Verfahren an ihnen kein Komma geändert. Vier Gesetzespakete, die Zusammenführung der Arbeitslosenhilfe mit der Sozialhilfe, ein fundamentaler – manche sagen – „sozialer Tiefschlag", manche sagen „Befreiung des Arbeitsmarkts". Dabei handelte es sich jedenfalls um eine revolutionäre Methode der Gesetzgebung und möglicherweise um ein zeitangemessenes, situationsadäquates Instrument der Rechtsetzung.[23] Allerdings müssten die Wissenschaftler dann bereit sein, auch Verantwortung zu

---

22 „Erstes, Zweites, Drittes und Viertes Gesetz für moderne Dienstleistung am Arbeitsmarkt", BT-Drucks. 15/1513, BT-Drucks. 15/1514, BT-Drucks. 15/1515, BT-Drucks. 15/1516.

23 Deutlich kritisiert wurden allerdings die Vorbereitung durch eine parlamentsunabhängige Sachverständigenkommission und das massiv beschleunigte und unter Druck gesetzte Gesetzgebungsverfahren („1:1"-Umsetzung; Fraktionszwang).

übernehmen und mit dafür geradezustehen, dass sie an der Kommission beteiligt und das Gesetz mit formuliert haben. Viele Wissenschaftler haben sicher diese Bereitschaft und wollen Verantwortung mittragen.

Die Bundesregierung reagierte 2002 mit diesem Projekt innewohnenden Reformmaßnahmen auf den „Vermittlungsskandal" der Bundesanstalt für Arbeit und eine Arbeitslosenquote von fast 5 Mio. Menschen, indem unter anderem die Bundesanstalt für Arbeit umgewandelt und die Arbeitslosenhilfe mit der Sozialhilfe zusammengeführt wurde. Dies erfolgte mittels eines Gesetzentwurfes, den die Hartz-Kommission erstellt hatte und der als Entwurf der Regierungsfraktionen von SPD und GRÜNEN in das Gesetzgebungsverfahren eingebracht worden war. Mitglieder der „Hartz-Kommission" waren: ein ehemaliger Vorstand der Volkswagen AG, ein Vorstand der DaimlerChrysler Services AG u. DB AG, ein Partner und Geschäftsführer der Roland Berger Strategy Consultants, ein Bezirksleiter der IG Metall Nordrhein-Westfalen, ein Direktor der McKinsey AG, ein Geschäftsführer Market Access for Technology Services GmbH, der Präsident des Landesarbeitsamtes Hessen, ein Wissenschaftler des Wissenschaftszentrum für Sozialforschung, der Oberbürgermeister von Leipzig, ein Vorstand der BASF AG, der Abteilungsleiter Personal der Deutsche Bank AG, ein Wissenschaftler der Universität Potsdam, der Minister für Arbeit und Soziales Nordrhein-Westfalen, der Generalsekretär des Zentralverbandes des Deutschen Handwerks sowie eine ver.di-Bundesvorständin.[24]

---

24 Peter Hartz, ehem. Vorstand Volkswagen AG; Norbert Bensel, Vorstand DaimlerChrysler Services AG u. DB AG; Jobst Fiedler, Roland Berger Strategy Consultants; Peter Gasse, Bezirksleiter der IG Metall Nordrhein-Westfalen; Peter Kraljic, Direktor McKinsey; Klaus Luft, GF Market Access for Technology Services GmbH; Wilhelm Schickler, Präsident des Landesarbeitsamtes Hessen; Günther Schmid, Wissenschaftszentrum für Sozialforschung; Wolfgang Tiefensee, OB Leipzig; Eggert Voscherau, Vorstand BASF AG; Heinz Fischer, AL Personal Deutsche Bank AG; Werner Jann, Universität Potsdam; Harald Schartau, Minister für Arbeit und Soziales NRW; Hanns-Eberhard Schleyer, GS des Zentralverbandes des Deutschen Handwerks; Isolde Kunkel-Weber, ver.di-Bundesvorstand.

E. Rolle und Status von externen Beratern und Kommissionen

I. Ad-hoc Kommissionen und Krisenstäbe oder kontinuierliche Beratungsgremien

Ganz allgemein kultivieren wir in Deutschland ein weit gespanntes System von institutionalisierten Beratungsgremien: die Wirtschaftsweisen, Normenkontroll- und Ethikrat, wissenschaftliche Beiräte der Bundesministerien und Bundesbehörden, neuerdings wieder eine „Konzertierte Aktion". Ihre Rolle ist ambivalent: Sie werden oft situativ-aktuell kreiert, wenn es darum geht, eine krisenhafte Situation schnell durch exekutivische oder legislative Maßnahmen zu lösen und man operative oder beratende Gremien als „Krisenstäbe" ad hoc und zeitlich begrenzt schafft. Dies sind Kommissionen, die heterogen aus Politik, Administration, Interessenverbänden und Wissenschaft optimiert zusammengesetzt sind, je nachdem, wie sich die Auswahl der Personen entscheidet. Ständige Gremien wie wissenschaftliche Beiräte oder institutionalisierte Räte stehen für eine perpetuierte, kontinuierliche Politik- und Gesetzespolitikberatung. Hier liegt eine eher homogene Zusammensetzung zugrunde, da es sich um wissenschaftliche, fachliche oder expertise-orientierte Gremien handelt. Fast jedes Ministerium, auch Behörden der Bundesregierung oder des Bundes, haben Berater und Beiräte. Diese laufen zuweilen Gefahr, zur Camouflage oder zum Alibi-Instrument zu werden. Daher findet man Wissenschaftler, die auf keinen Fall in diese Beiräte wollen, weil sie dort limitiert sind und oft ihrer Expertise nicht gefolgt wird. Das kann nicht der Sinn sein. Wissenschaftler sind nicht legitimiert, zu entscheiden, dies sind die Politiker; dennoch kann Wissenschaft bereit sein, Verantwortung zu übernehmen. Das muss man zusammenbringen und die Rolle der Gremien neu definieren.

II. Entparlamentarisierung versus Deprofessionalisierung

Externe Berater und außerparlamentarische Kommissionen beeinflussen den Inhalt von Gesetzen. Sind etwa die Pandemiegesetze ein Beispiel für die Entparlamentarisierung politischer Entscheidungen? Wenn externe Berater oder außerparlamentarische Kommissionen durch die Schnelligkeit der Verfahren in ihren sonst üblichen Möglichkeiten beschränkt waren, Verbänden nur wenige Stunden für die Abgabe einer Stellungnahme eingeräumt wurde und auch die Fristen im Zusammenhang mit den Anhörungen im Gesundheitsausschuss sehr knapp bemessen waren, so ist dies zunächst einmal alles andere als eine „Entparlamentarisierung", vielmehr ein Weniger an „Lobbyismus", wenn man es so nennen will: eine „Entlobbyierung". Denn jedenfalls Verbände und teilweise auch Sachverständige nehmen zuweilen (oder gemeinhin?) die Position von Interessenvertretungen ein. Ein Stadium des Gesetzesbeschlusses vollkommen ohne Lobbyisten könnte theoretisch möglicherweise gar als Sternstunde des Parlaments gefeiert werden, wenn sich denn die Delegierten im Deutschen Bundestag ganz unter sich, ohne lobbyistische „Manipulation" oder Beeinflussung zu entscheiden in der Lage sehen, so stellte dies eher Parlamentarismus in Reinkultur dar. Eine solche Fiktion einer rein parlamentarier- und regierungsindossierten (verantworteten) Entscheidungssituation bietet auf der anderen Seite jedoch die Gefahr einer „Deprofessionalisierung" bzw. „Entfachlichung" oder weniger rationalen denn mehr politischen Rechtsetzung. Gleichwohl kann und sollte dies gerade nicht zum Modell werden, denn die Option sachlich-fachlich orientierter Ratgebung durch Wissenschaftler und Sachverständige bildet ein wesentliches Element zur Optimierung des Gesetzesinhaltes. Zudem bildet dies eine verfassungsrechtliche Kategorie unter der Chiffre einer „rationalen Gesetzgebung" im Kontext des Inneren Gesetzgebungsverfahrens (die Methodik der Entscheidungsfindung des Gesetzgebers), die indirekt auch das Bundesverfassungsgericht postuliert hat.

III. Heterogener Rechtsstatus Externer im vorparlamentarischen oder parlamentarischen Gesetzgebungsprozess

Die Beteiligten eines Gesetzgebungsverfahrens sind (Verfassungs-)Organe, die nach der Verfahrensordnung eine herausgehobene Rechts- und Pflichtenstellung einnehmen und das Recht haben, im Gesetzgebungsverfahren regelhaft zu interagieren.[25] Dies sind:

- der Bundestag (u. a. Art. 76 Abs. 1 GG, Art. 77 Abs. 1 GG) und
- seine Ausschüsse (Art. 43 Abs. 1 GG, Art. 45a GG),
- die Abgeordneten (Art. 38 Abs. 1 S. 2 GG),
- der Bundesrat (Art. 50 Abs. 1, Art. 77 Abs. 2 bis 4 GG),
- dessen Mitglieder (Art. 43 Abs. 2 GG),
- die Bundesregierung (Art. 76 Abs. 1 GG),
- deren Mitglieder (Art. 43 Abs. 1 und 2 GG),
- der Vermittlungsausschuss (Art. 77 Abs. 2 GG) und
- der Bundespräsident (Art. 82 Abs. 1 S. 1 GG).

---

25 *Reimer*, Verfahrenstheorie: Ein Versuch zur Kartierung der Beschreibungsangebote für rechtliche Verfahrensordnungen, Tübingen 2015, S. 400; *Axer*, Die Kompetenz des Vermittlungsausschusses, 2010, S. 121.

Da das Grundgesetz diese Organe oder Amtsträger mit Rechten und Pflichten ausstattet, besitzen diese Verfahrensbeteiligten formal die Verfahrensherrschaft.[26] Daraus ergibt sich, dass Sachverständige, Interessenvertreter oder andere Auskunftspersonen, die im Rahmen der Konsultation bei der Entstehung eines Gesetzentwurfes durch die Bundesregierung zu „beteiligen sind" (§ 47 GGO) oder an Anhörungen am parlamentarischen Gesetzgebungsverfahren teilnehmen (§ 70 Abs. 1 GOBT), keine Beteiligten mit eigenen Rechten sind.[27] Sie besitzen keine normativ verbürgte Einwirkungsmöglichkeit auf das Gesetzgebungsverfahren oder eine herausgehobene Rechts- oder Pflichtenstellung, nach der die Verfahrensbeteiligten mit ihnen interagieren müssen.[28] Ein adäquat-gleicher Status kommt dementsprechend heterogen zusammengesetzten Kommissionen zu, deren Mitglieder Sachverständige wie Interessenvertreter zu bestimmten Anteilen sein können; auch diesen kommt kein verfassungsrechtlicher oder verfahrensordnungsgestützter Rechtsstatus zu. Sie sind in Existenz wie Berufung von der politischen Opportunität und Notwendigkeit abhängig, die Verfahrensbeteiligte wie die Bundesregierung, die Regierungsfraktionen des Bundestages an sie (informell) delegieren oder sie beauftragen.

Die Rollenbeschreibung von Externen im parlamentarischen oder vorparlamentarischen Gesetzgebungsprozess wird grundsätzlich dahingehend beschrieben, dass Sachverständige als Gehilfen bei der Sachverhaltsermittlung und Interessenvertreter als Helfer bei der Sachverhaltsbewertung definiert werden.[29] Die Vorschrift des § 70 Abs. 1 GOBT gibt in Wortlaut und Interpretation („Information über einen Gegenstand seiner Beratung") deutliche Auskunft über die Funktion, die Anhörungen durch die Geschäftsordnung des Parlaments zugeschrieben wird[30]: Sie dienen der Informationsbeschaffung[31] oder – daraus

---

26 Vgl. zum Streit über den Beteiligtenbegriff, den Status des Dritten oder des Trägers des Verfahrens im Verwaltungsverfahren, im Gerichtsverfahren und weiteren *Helbig*, Fehler im Gesetzgebungsverfahren, 2022, S. 86 f.

27 *Reimer*, Verfahrenstheorie, 2015, S. 410 spricht von allenfalls Minderbeteiligten; *Helbig*, Fehler im Gesetzgebungsverfahren, 2022, S. 86 f.

28 *Helbig*, Fehler im Gesetzgebungsverfahren, 2022, S. 87 f.; *Reimer*, Verfahrenstheorie, 2015, S. 406.

29 *Becker*, Kooperative und konsensuale Strukturen in der Normsetzung, 2005, S. 101.

30 *Schüttemeyer*, in: Schneider/Zeh (Hrsg.), Parlamentsrecht und Parlamentspraxis, 1989, § 42 Rn. 23 ff., die zwischen einer Gesetzgebungs-, Kontroll-, Artikulations- und Öffentlichkeitsfunktion unterscheidet; ähnlich *Appoldt*, Die Öffentlichen Anhörungen, 1971, S. 87 ff.

31 Vgl. SächsVGH, Urt. v. 27.10.2016 – Vf. 134-I-15 –, juris Rn. 48; *Bröhmer*, Transparenz als Verfassungsprinzip, 2004, S. 105; *Edinger*, ZParl 48 (2017), 157 (157); *Helbig*, Fehler

zu entwickeln – dem Ausgleich von Wissensvorsprüngen der Ministerialverwaltung gegenüber dem Parlament und den einzelnen Abgeordneten.[32] Daraus ergibt sich durchaus eine Zweckfunktion der Anhörung, die parlamentarische Unabhängigkeit zu fördern, indem die Ausschüsse auf eigene Informationsquellen zurückgreifen können.[33] Diese Autonomie der Informationserlangung ist vor allem für die Opposition, die politische (Ausschuss-)Minderheit, von großer Bedeutung, da diese durch die politisch seitens der Regierungsparteien dominierte Ministerialverwaltung faktisch nur bedingte, minimalistische Zuarbeit erwarten kann.[34] Daher lässt sich grundsätzlich feststellen, dass § 70 Abs. 2 S. 1 GOBT die parlamentarische Kontrollfunktion gegenüber der Regierung schützt.[35]

Zum politischen Kräftespiel gehört andererseits aber ebenso, dass öffentliche Anhörungen als politisch-argumentatives Instrument benutzt werden, um seitens einzelner Ausschussmitglieder oder Fraktionen öffentlichkeitswirksam Schwerpunkte in der Ausschussarbeit zu setzen und eigene politische Positionen mit Sachargumenten zu untermauern.[36] Daraus resultiert freilich eine Praxis, nur solche Sachverständige, Auskunftspersonen, Verbände und

---

im Gesetzgebungsverfahren, 2022, S. 87 f.; *Kokott*, in: Kahl/Waldhoff/Walter, GG, 218. EL (2022), Art. 77 Rn. 58; vgl. *Masing/Risse*, in: v. Mangoldt/Klein/Starck, GG, Bd. 2, Art. 77 Rn. 34; *Winkelmann*, in: Morlok/Schliesky/Wiefelspütz (Hrsg.), Parlamentsrecht, 2016, § 23 Rn. 59; vgl. *Austermann/Waldhoff*, Parlamentsrecht, 2020, Rn. 456.

32 *Becker*, Kooperative und konsensuale Strukturen in der Normsetzung, 2005, S. 115.
33 *Vetter*, Die Parlamentsausschüsse, 1986, S. 202; diese eigenen, selbst erschlossenen Quellen verbessern die Waffengleichheit der Parlamentarier gegenüber der zu einem gewissen Grad parteipolitisch durch die Regierungsparteien und -fraktionen geprägten Ministerialverwaltung; *Helbig*, Fehler im Gesetzgebungsverfahren, 2022, S. 87 f.
34 *Becker*, Kooperative und konsensuale Strukturen in der Normsetzung, 2005, S. 115; *Heynckes*, ZParl 39 (2008), 459 (468).
35 *Schüttemeyer*, in: Schneider/Zeh (Hrsg.), Parlamentsrecht und Parlamentspraxis, 1989, § 42 Rn. 30.
36 SächsVGH, Urt. v. 27.10.2016 – Vf. 134-I-15 –, juris Rn. 48; *Bröhmer*, Transparenz als Verfassungsprinzip, 2004, S. 105; *Edinger*, ZParl 48 (2017), 157; *Helbig*, Fehler im Gesetzgebungsverfahren, 2022, S. 87 f.; *Austermann/Waldhoff*, Parlamentsrecht, 2020, Rn. 456; *Kokott*, in: Kahl/Waldhoff/Walter, GG, 2020, Art. 77 Rn. 58; vgl. *Masing/Risse*, in: v. Mangoldt/Klein/Starck, GG, Bd. 2, 2018, Art. 77 Rn. 34; *Winkelmann*, in: Morlok/Schliesky/Wiefelspütz (Hrsg.), Parlamentsrecht, 2016, § 23 Rn. 59. Gerade für die politische Ausschussminderheit, die mit ihren Alternativkonzepten überzeugen möchte, haben die Ergebnisse der Anhörung für das gesamte parlamentarische Verfahren große Bedeutung, *Heynckes*, ZParl 39 (2008), 459 (468).

Interessenvertretungen als nominierte Anhörpersonen für die Anhörungen einzuladen, die die eigene, richtige Expertise und Meinung vertreten. Damit relativieren sich gegeneinander die Informationsbeschaffungsfunktion der Anhörung und die Funktion einer sachlich-argumentativen Bestätigung der eigenen politischen Position. Dies alles führt zu wissenschaftlich begründeter Skepsis gegenüber solch heterogen-motivierten Anhörungen als reine Alibiveranstaltungen[37] mit bloßer Dekor- und Feigenblattfunktion[38] einerseits wie positiver gewendet als zentrales Mitwirkungsformat für externe Wissens- und Interessenvertretung[39]. Für eine Verpflichtung der Ausschüsse von Verfassungs wegen, Anhörungen durchzuführen spricht letztlich andererseits eine Optimierung der Gesetzgebungsmethodik und eine höhere Rationalität des Gesetzgebungsverfahrens, sowie, dass eine Ableitung solcher innerer Verfahrenspflichten aus allgemeinen Verfassungsprinzipien abzulehnen ist.[40]

F. Die §§ 47 und 48 GGO und § 70 GOBT als Zeitfenster bzw. Schnittstellen für Kommissionen im Gesetzgebungsverfahren?

I. Beteiligung und Unterrichtung von Ländern, Verbänden und anderen Stellen

80 % der Gesetze, die letztlich von Bundestag und Bundesrat beschlossen und durch Verkündung im Bundesgesetzblatt Rechtskraft erlangen werden, werden von den Bundesministerien vorbereitet. Damit ist die Vorbereitung von Gesetzen einer der wichtigsten Geschäftsprozesse der Bundesregierung. Trotz vielfältig veränderter Rahmenbedingungen läuft dieser Prozess der Entstehung eines Gesetzentwurfes im Grunde immer noch so ab wie vor 70 Jahren, als

---

37　*Ossenbühl*, in: Isensee/Kirchhof (Hrsg.), HdStR, Bd. 5, 2007, § 102 Rn. 39; vgl. *Masing/Risse*, in: v. Mangoldt/Klein/Starck, GG, Bd. 2, 2018, Art. 77 Rn. 34; *Helbig*, Fehler im Gesetzgebungsverfahren, 2022, S. 87 f.

38　*Schelsky*, in: Wissenschaftliche Experten und politische Praxis – Das Problem der Zusammenarbeit in der heutigen Demokratie, Bergedorfer Protokolle, Bd. 17, 1967, S. 17 zitiert nach *Brohm*, in: Schnur (Hrsg.), FS Forsthoff, 1972, S. 37 (41).

39　*Becker*, Kooperative und konsensuale Strukturen in der Normsetzung, 2005, S. 114; *Helbig*, Fehler im Gesetzgebungsverfahren, 2022, S. 87 f.

40　*Helbig*, Fehler im Gesetzgebungsverfahren, 2022, S. 87 f.; zustimmend *Krüper*, in: Morlok/Schliesky/Wiefelspütz (Hrsg.), Parlamentsrecht, 2016, § 38 Rn. 46; ausführlich hierzu *Becker*, Kooperative und konsensuale Strukturen in der Normsetzung, 2005, S. 126 ff.; ferner BVerfGE 36, 47. 60.

er mit Verabschiedung des Grundgesetzes eingeführt wurde.[41] Daher werden inzwischen Vorschläge für diesen Entstehungsprozess unterbreitet, die von „geschulten Legisten", „Gesetzgebungslaboren" aus Normadressaten und Normnutzern, einem „Wirksamkeitscheck" sowie „Praxischeck und digital TÜV" im Modul der E-Gesetzgebung träumen. Die Staatspraxis sieht allerdings bei der Entstehung eines Entwurfs der Gesetzesvorlage noch immer nur vor, die Länder, kommunalen Spitzenverbände, Fachkreise und Verbände nach § 47 GGO frühzeitig zu beteiligen. Die Unterrichtung anderer Stellen (z. B. Presse, Dritte) gemäß § 48 GGO ist dabei aber auch eine Regel.

Zwischen Bundes- und Länderressorts bestehen traditionell auf vielen Ebenen formelle und informelle Arbeitsbeziehungen (Fachministerkonferenzen[42], Fachreferentengremien). Hier werden häufig politische und fachliche Probleme erörtert, bevor diese in ein Gesetzgebungsverfahren einfließen. Ebenso verfügen die kommunalen Spitzenverbände, die Fachkreise und die sonstigen Verbände in der Regel über gute Kontakte zu den Bundesressorts, so dass sie meist frühzeitig über anstehende Gesetzgebungsvorhaben informiert sind und häufig bereits im Anfangsstadium des Gesetzgebungsverfahrens versuchen, ihre Positionen einzubringen. Aufgrund der zunehmenden Komplexität der zu regelnden Sachverhalte und des damit auch verbundenen Informationsbedürfnisses der Ministerialverwaltung ist dies sogar unverzichtbar. Allerdings ist der Einfluss der Verbände angesichts ihrer Funktion als Interessenvertretung nicht unproblematisch und bedarf einer kritischen Distanz auf Seiten der zuständigen Bearbeiter des Fachressorts.

Aus der Beteiligung nach den §§ 47, 48 GGO erwachsen den Verbänden, Fachkreisen oder sonstigen Dritten keine originären, eigenen Verfahrens- oder Vetorechte. Sie können im Rahmen der Verfahrensleitung durch das federführende Ressort lediglich für ihre Positionen werben und versuchen, fachliche Argumente einzubringen und politischen Druck auszuüben. Jedoch sind die Stellungnahmen der Länder im Hinblick auf das Bundesrats-Verfahren wichtig bzw. können rechtliche Wirkung entfalten; daher wird oft der Grundsatz bei einem Regierungsentwurf praktiziert, dass es sich empfiehlt, Einwände der Länder frühzeitig aufzugreifen.

---

41 https://www.normenkontrollrat.bund.de/nkr-de/bessere-rechtsetzungbuerokratieab bau/praxistaugliche-gesetze.
42 *Hofmann*, in: Schmidt-Bleibtreu/Hofmann/Henneke, GG, 2022, Art. 20 Rn. 26.

Das Bundeskanzleramt muss über die Beteiligung von Verbänden und sonstigen Dritten unterrichtet werden, bei besonderer politischer Bedeutung des Gesetzentwurfs ist eine Zustimmung des Bundeskanzleramtes vor der Beteiligung der Länder, kommunalen Spitzenverbände, Fachkreise und Verbände einzuholen (§ 47 Abs. 2 GGO). Für eine beabsichtigte Einstellung des Gesetzentwurfs in das Intranet der Bundesregierung oder in das Internet ist ein Einvernehmen mit dem Bundeskanzleramt und ein Benehmen mit den übrigen beteiligten Bundesministerien herzustellen (§ 48 Abs. 3 GGO). Ferner darf die Zuleitung des Entwurfs an Länder, Verbände und Fachkreise durch das federführende Ressort nur erfolgen, wenn dies im Einvernehmen mit den Ministerien geschieht, von denen abweichende Meinungen zum Gesetzentwurf zu erwarten sind (§ 47 Abs. 1 GGO). Damit soll vermieden werden, dass regierungsinterne Kontroversen öffentlich ausgetragen und dadurch politische Angriffsflächen geboten werden.

II. Anhörung von Verbänden und Fachkreisen

§ 47 GGO schafft also eine rechtliche Grundlage für die Beteiligung betroffener Verbände im Rahmen von Gesetzgebungsverfahren. Das jeweils zuständige Fachministerium ist aufgefordert, betroffene Verbände rechtzeitig zu beteiligen. Die Stellung der kommunalen Spitzenverbände wird – soweit kommunale Belange betroffen sind – durch § 41 GGO und § 47 Abs. 1 und 5 GGO besonders hervorgehoben. Aber, es bleibt festzustellen, ein Anspruch auf Übernahme der Änderungswünsche der Verbände besteht nicht.

In der Praxis erhalten die beteiligten Verbände und Fachkreise zumeist die Möglichkeit, schriftlich Stellung zu nehmen.[43] In einem zusätzlich anberaumten Termin oder Hearing können die Positionen mündlich dargelegt und erörtert werden. An den Anhörungen nehmen in aller Regel nicht nur Vertreter des federführenden Ministeriums teil, sondern auch die zuständigen Mitarbeiter anderer Ressorts. An dieser Stelle kann es aber eben zur Einsetzung einer Kommission kommen, wie es bei der Hartz-Kommission geschehen ist.

Nicht alle Interessen werden im gleichen Maße und mit dem gleichen politischen Gewicht durch Verbände und Fachkreise vertreten. Dies sollten die gesetzesvorbereitenden Mitarbeiter der Ministerien bedenken, eine kritische Distanz zu den Informationen und Stellungnahmen der Interessenvertretungen ist – trotz aller notwendigen Kooperation – geboten. Entschließt sich das

---

43 *Heintzen*, in: Kluth/Krings (Hrsg.), Gesetzgebung, 2014, § 9, Rn. 18 ff.

federführende Ressort, bestimmte Änderungswünsche von beteiligten Verbänden und Fachkreisen zu berücksichtigen, müssen diese wiederum ressortintern
und ressortübergreifend abgestimmt werden. Hier gelten die bereits beschriebenen Verfahrensregelungen entsprechend.

G. Anspruch auf die Einbeziehung externer Berater durch eine Anhörungspflicht und fachlich-wissenschaftliche Beratung nach § 70 GOBT?

I. Die Parlamentspraxis der Anhörung als Aliud der Arbeit von Kommissionen

Der zweite Zeitpunkt systemgerechter Lobbyarbeit durch Verbände, Interessengruppen oder auch Kommissionen ist die Ausschussarbeit. Die Einbeziehung von Interessenvertretern kann den Abgeordneten die Meinungsbildung
erleichtern, denn der Sachverstand der Verbände bildet ein Gegengewicht zum
Expertenwissen der Ministerialbürokratie. Die Anhörung von Verbänden mit
gegensätzlichen Interessen erleichtert den Abgeordneten die Entscheidung darüber, welche Einzel- oder Gruppeninteressen berücksichtigenswert sind und wo
Gruppenegoismus im Spiel ist. Zur Steigerung der Transparenz führt der Präsident des Bundestages eine öffentliche Liste, in die alle Verbände eingetragen
werden, die Interessen gegenüber dem Bundestag oder der Bundesregierung
vertreten. Nur Mitglieder der etwa 5.070 Gruppierungen aktiver Interessenvertreter mit 28.726 Personen, die nach dem Lobbyregistergesetz berechtigt sind,
Interessenvertretung auszuüben und in dem „Lobby-Register" eingetragen sind,
dürfen von den Ausschüssen angehört werden.[44]

Seit 1951 kennt die Geschäftsordnung des Deutschen Bundestages die Möglichkeit, dass Ausschüsse öffentliche Anhörungen von Sachverständigen, Interessenvertretern und anderen Auskunftspersonen vornehmen können. Bei der
Beratung von überwiesenen Gesetzesvorlagen, ist der federführende Ausschuss
auf Verlangen eines Viertels seiner Mitglieder zur Durchführung einer solchen
öffentlichen Anhörung verpflichtet (§ 70 Abs. 1 GOBT). Im Deutschen Bundestag gehört die Durchführung von Hearings heute zum Standard in den meisten größeren Gesetzgebungsverfahren.

---

44 https://www.bundestag.de/dokumente/parlamentsarchiv/ueberblick/196912-196912,
    Öffentliche Liste über die beim Bundestag registrierten Verbände.

Insbesondere vor dem Hintergrund, dass der Zugang zu Massenmedien, Fernsehen und Internet den Informationsanspruch der Bürger gegenüber dem Parlament anwachsen lässt, ist es notwendig, die Gesetzgebungsarbeit des Deutschen Bundestages zumindest teilweise öffentlich zugänglicher zu machen, so wie das in öffentlichen Expertenanhörungen geschehen kann. Die Ausschussarbeit erfolgt bekanntlich im nicht-öffentlichen Beratungsverfahren. Bei einer Anhörung auf Verlangen der Minderheit hat diese das Recht, dass die von ihr benannten Auskunftspersonen angehört werden, § 70 Abs. 2 GOBT.[45] Es ist aber möglich, durch einfache Mehrheit die Anzahl der anzuhörenden Personen zu begrenzen, sodass die Minderheit nur die ihrem Stärkeverhältnis (Proportionalität der Sachverständigenquote zur Fraktionsgröße) entsprechende Anzahl benennen kann. Auch hier gilt der Grundsatz der loyalen und fairen Verfahren innerhalb der Ausschüsse, der in der Praxis regelmäßig zu tragfähigen Vereinbarungen innerhalb der Ausschüsse führt.

Den Vertretern der Verbände, Kommissionen, Gewerkschaften, Interessengruppen, Kirchen und Nichtregierungsorganisationen kommt formal gesehen keine positiv-rechtliche oder anspruchsbegleitete Stellung im Gesetzgebungsverfahren zu (§ 47 Abs. 3 GGO). Es gibt allerdings Ausnahmen in besonderen Gesetzen, welche die Beteiligung von Verbänden ausdrücklich vorsehen (§ 118 BBG, § 63 BNatSchG bei Verordnungen). Tatsächlich hängt es von der Gesetzgebungsmaterie und der Bedeutung des Themas für die Interessengruppe ab, wie stark sie sich in das Gesetzgebungsverfahren einbringt, sowie von der Bereitschaft der Fachebene und der politischen Ebene des federführenden Ressorts, auf die Lobbyarbeit einzugehen. Die Fachebene wird die Stellungnahmen der Verbände umso stärker berücksichtigen, je geringer ihre Kenntnisse von dem relevanten Rechts- und Lebensbereich sind. Je höher die Sachkenntnis auf der Arbeitsebene eines Ressorts ist, desto wichtiger ist das politische Lobbying, um über die politische Ebene auf das Gesetzgebungsverfahren interessengeführt einwirken zu können.

Eine besondere Form der Beteiligung von Interessenverbänden in die Vorbereitung von Gesetzesvorlagen findet sich unter dem Terminus der „paktierten Gesetzgebung"[46], bei der Vertreter der Bundesregierung – in aller Regel auf hoher politischer Ebene – mit Vertretern von Interessenverbänden, die unmittelbare Adressaten eines Gesetzesvorhabens sind (wie z. B. die die

---

45 *Hadamek,* in: Kluth/Krings (Hrsg.), Gesetzgebung, 2014, § 17, Rn. 126.

46 *Schneider,* in: Hansjürgens/Köck/Kneer (Hrsg.), Kooperative Umweltpolitik, 2003, S. 1 ff.; *Anderl,* Gesetzgebung und kooperatives Regierungshandeln, 2006, S. 31 ff.

Gesundheitswirtschaft, die Sozialpolitik oder die Atom- und Energiepolitik), vorbereitende oder normgebende Absprachen treffen, in denen sich Regierung und Externe darauf verständigen, wie ein zukünftiges Gesetz inhaltlich ausgestaltet wird. Eine solche Vereinbarung über Gesetzesinhalte bildet für die Regierung und die sie tragenden Fraktionen im Bundestag eine Gestaltungsleitlinie im politischen Prozess und im parlamentarischen Gesetzgebungsverfahren.

Eine solche Konstellation während eines laufenden Gesetzgebungsverfahrens ergab sich bei dem „Gesetz zur Modernisierung der Krankenversicherung – GMG" (25 Gesetze und acht Verordnungen) im Jahr 2003/2004, als eine heterogen zusammengesetzte Kommission während der parlamentarischen Beratungen eines Gesetzentwurfes eingesetzt wurde und in einem „Paktverfahren" eine grundlegende Veränderung des Gesetzentwurfes vornahm: Nachdem das ursprüngliche GMG im Plenum des Bundestages in 1. Lesung debattiert worden war, wurde es in den federführenden Gesundheitsausschuss überwiesen. Dort fand eine parlamentarische Anhörung statt. Diese dauerte im Fall des GMG vier Tage und erreichte monumentale Ausmaße. Es wurden 132 Verbände und 40 Einzelsachverständige gehört.

Bei den Anhörungen zeichnete sich ab, dass angesichts der bestehenden politischen Konstellationen eine Gesetzgebung bei einem gesellschaftspolitisch so bedeutenden Thema nur durch einen parteiübergreifenden Konsens möglich sein würde. Die Konsensgespräche fanden in einer außerparlamentarischen Kommission im August 2003 statt.[47] Daran mag man erkennen, dass außerparlamentarische Kommissionen im „modernen" Gesetzgebungsverfahren durchaus praktiziert werden und Bundesregierung wie Regierungsfraktionen sich auf diesem Wege externer Beratung bedienen können. Neben den vorhandenen, ständigen Beratungsgremien treten dann projektbezogene Kommissionen zur Beratung besonderer Sachfragen in Erscheinung. Beispiele für ständige, außerparlamentarische Kommissionen sind inzwischen der Nationale Ethikrat, die „Kommission Moderne Dienstleistungen am Arbeitsmarkt" (Hartz-Kommission) und die „Kommission für die Nachhaltigkeit in der Finanzierung der Sozialen Sicherungssysteme" (Rürup-Kommission), die Konzertierte Aktion oder auch der Corona-Expertenrat.

Die Konsensgespräche zum GMG fanden 2003 in dieser außerparlamentarischen Kommission unter Beteiligung der Bundestagsfraktionen, des Bundesministeriums für Gesundheit und Soziale Sicherung und der Vertreter mehrerer Bundesländer statt. Tatsächlich bildete diese Kommissionszusammensetzung

---

47 *Hofmann*, Deutsches Ärzteblatt, PP 4, 06/2005, S. 256 ff.

ein offenes Tor für externe, verbandliche wie unternehmensgelenkte Beratung durch ein Heer von Lobbyisten, die sich in die Verhandlungen über den gefundenen Gesundheitskompromiss einmischten, auch wenn diese offiziell nicht dieser Kommission angehörten.[48] Die Kommission handelte einen Gesetzentwurf aus und legte ihn dem Gesundheitsausschuss vor. Den ursprünglichen GMG-Entwurf der Bundesregierung erklärte der Ausschuss für erledigt und hielt eine erneute Anhörung von 54 Verbänden ab, die teilidentisch mit denen der ersten Anhörung waren. Nach nochmaliger Anhörung legte der Gesundheitsausschuss in seiner „Beschlussempfehlung und Bericht" den geänderten Gesetzentwurf dem Bundestag zur Schlussentscheidung in der 2. und 3. Lesung des GKV-Modernisierungsgesetzes vor.

II. Rechtsanspruch auf Anhörung

In dem Sachzusammenhang der parlamentarischen Anhörung wird – sehr vereinzelt – die Rechtsauffassung vertreten, dass die unterlassene Beteiligung Betroffener in den Ausschussberatungen ein Verfahrensfehler sein könnte. Die Verfahrensordnungen wie § 70 GOBT räumen den Betroffenen zwar eine Partizipationsmöglichkeit regelmäßig in Gestalt einer Anhörung ein, ohne freilich wegen der potentiellen Betroffenheit einer kaum abgrenzbaren Vielzahl von Personen eine Anhörungspflicht zu konstatieren.[49]

Nach § 70 Abs. 1 GOBT kann ein Ausschuss öffentliche Anhörungen von Sachverständigen, Interessenvertretern[50] und anderen Auskunftspersonen vornehmen. Anhörungen dienen zum einen der Informationsbeschaffung des Parlamentes, um Wissensvorsprünge der Ministerialverwaltung gegenüber dem Parlament auszugleichen und fördern die parlamentarische Unabhängigkeit, da

---

48 Ergebnis dieser praktizierten Lobbyarbeit war, dass eine von vielen Pharmaunternehmen gefürchtete „Positivliste für Arzneimittel" in dieser Gesundheitsreform gestrichen wurde: https://www.spiegel.de/politik/pakt-gegen-die-patienten-a-6b4d1a80-0002-0001-0000-000027970526.

49 *Becker*, Kooperative und konsensuale Strukturen in der Normsetzung, 2005, S. 137; *Hugo*, Vernehmlassung, Anhörung, Konsultation, 2017, S. 128; *Schacht*, Das rechtliche Gehör im Gesetzgebungsverfahren, 1969, S. 111 f.; *Schnelle*, Eine Fehlerfolgenlehre für Rechtsverordnungen, 2007, S. 73; *Helbig*, Fehler im Gesetzgebungsverfahren, 2022, S. 182.

50 Zur (idealtypischen) Abgrenzung der Gruppen: Sachverständige sehen sich zumeist als Gehilfen bei der Sachverhaltermittlung und Interessenvertreter bei der Sachverhaltsbewertung eingeschätzt: *Becker*, Kooperative und konsensuale Strukturen, in der Normsetzung, 2005, S. 101.

die Ausschüsse auf andere (selbst gewählte) Informationsquellen zurückgreifen können[51], was besondere Bedeutung für die politische (Ausschuss-)Minderheit der parlamentarischen Opposition besitzt, da sie nur bedingt den gleichen Support durch die Bundesregierung und ihre der Ministerialverwaltung erfährt.[52] § 70 Abs. 2 S. 1 GOBT schützt daher die parlamentarische Kontrollfunktion gegenüber der Regierung und bildet ein politisches Instrument der Öffentlichkeitsarbeit der Opposition.[53] Konsequenz ist, dass in diesem politischen „Spielsystem" sowohl sehr tiefgründige und nützliche Anhörungen, ebenso aber auch reine Alibiveranstaltungen zu konstatieren sind.[54]

Lässt sich aus § 70 Abs. 2 S. 1 GOBT für einzelne Auskunftspersonen oder Verbände ein verfassungsrechtlicher Rechtsanspruch auf Anhörung ableiten? Da die Geschäftsordnung als Binnenrecht ohne Außenrechtswirkung kaum einen Anspruch für externe Dritte entfalten kann, wird in einer neuen Dissertation die Auffassung vertreten, dass jedenfalls bei einer Ablehnung des Minderheitenrechts durch die Ausschussmehrheit aus § 70 GOBT ein Verfahrensfehler mit Verfassungsrang (§ 70 Abs. 2 S. 1 GOBT i. V. m. Art. 20 Abs. 1, 2, Art. 28 Abs. 1 S. 1, Art. 38 Abs. 1 S. 2 GG) vorliegt.[55] Diese Erhebung auf Verfassungsrang soll aber demnach nicht die Schaffung eines originären Oppositionsrechts bewirken oder die Gleichheit der Abgeordneten und Fraktionen antasten. Folgt man dieser Auffassung, wäre auch ein Rechtsanspruch auf Durchführung einer Anhörung – gar auf Einsetzung einer Kommission als Modifizierung oder Folge aus einer Anhörung – denkbar.

H. Gute Gesetzgebung mit Optimierungseffekt durch externen Sachverstand – Die Rolle der Wissenschaft bei der Politikberatung

Evidenzbasierung, Rationalität, Wissenschaftlichkeit und Fachkunde sind auch im Gesetzgebungsverfahren als einem politischen Prozess umso mehr gefordert und gefragt. Die „Kommissions-Methode" kann hier ein zeitangemessenes wie situationsadäquates Instrument sein. Allerdings müssten die Interessenvertreter,

51 *Vetter*, Die Parlamentsausschüsse im Verfassungssystem der Bundesrepublik Deutschland, 1986, S. 202.
52 *Heynckes*, ZParl 39 (2008), 459 (468); *Helbig*, Fehler im Gesetzgebungsverfahren, 2022, S. 184.
53 *Austermann/Waldhoff*, Parlamentsrecht, 2020, Rn. 456.
54 *Masing/Risse*, in: v. Mangoldt/Klein/Starck, GG, Bd. 2, 2018, Art. 77 Rn. 34.
55 *Helbig*, Fehler im Gesetzgebungsverfahren, 2022, S. 186 ff.

Verbände, Lobbyisten und Wissenschaftler in solchen Kommissionen dann auch bereit sein, Verantwortung zu übernehmen und mit dafür geradezustehen, dass sie an der Kommission beteiligt und das Gesetz mit formuliert haben. Viele der genannten Akteure haben sicher diese Bereitschaft und wollen Verantwortung mittragen. Allerdings kann man sie kaum zur berühmten „Verantwortung ziehen", denn sie besitzen regelmäßig keine Legitimation, kein gewähltes oder übertragenes Amt, welches Handlungs- oder Haftungskonsequenzen, Rücktritte oder Konsequenzen implizieren würde. Viele Protagonisten aus Gesellschaft und Politik wollen der Interessenvertretung oder der Wissenschaft eine gesellschaftstransformierende Aufgabe zuweisen: Diese sollen Erkenntnis schaffen, Notwendigkeiten auch den Menschen erklären und sie begeistern, sich auf Reformen und Veränderungen einzulassen. Hier beweist sich zweifelsfrei die Rolle von Kommissionen im Gesetzgebungsprozess – sie kann ein wertvoller Bestandteil sein an der Kunst der Gesetzgebung.

Matthias Rossi

Die Einbeziehung externer Expertise als Voraussetzung guter Gesetzgebung?

A. Einleitung

Die Frage, ob die Einbeziehung externer Expertise eine Voraussetzung guter Gesetzgebung ist, ist nicht neu – sie ist genau so, aber auch unter vielfältigen anderen Begrifflichkeiten und aus unterschiedlichsten Perspektiven immer wieder aufgeworfen worden.[1] Es ist eine Dauer- und eine Grundsatzfrage, die nicht nur und vor allem nicht in erster Linie rechtlich bzw. rechtswissenschaftlich zu beantworten sondern zuvörderst an die Politik adressiert ist und damit jedenfalls auch die Sozial- und die Politikwissenschaften auf den Plan ruft.

Versteht man Expertise zugleich als wissenschaftliche Erkenntnis, betrifft die Frage nicht weniger als das Verhältnis von Wissenschaft und Politik. Beide Begrifflichkeiten bedürften der näheren Definition, doch in diesem Kontext soll – deutlich unterkomplex – Wissenschaft als Synonym für (qualitativ hochwertiges) Wissen verstanden werden und Politik stellvertretend für das System staatlicher bzw. hoheitlicher Regelsetzung stehen. Das wechselseitige Verhältnis der „Systeme" Wissenschaft und Politik ließe sich an nahezu allen Politikbereichen illustrieren, am Technik- und Umweltrecht natürlich, wo naturgemäß primär naturwissenschaftliche Erkenntnisse den politischen Gestaltungswillen beeinflussen, aber etwa auch im Bereich der allgemeinen Wirtschaftspolitik, wo wirtschaftswissenschaftliche Erkenntnisse – relativierend sollte man eher von wirtschaftswissenschaftlichen Überzeugungen sprechen – Einfluss auf die Politik nehmen wollen bzw. sollen. Auch in anderen Bereichen, etwa dem Strafrecht, wird nicht nur mit politischen Grundüberzeugungen, sondern gerade auch mit empirisch und psychologisch basierten Wissen über die richtige Kriminalpolitik gestritten, und das gilt selbstverständlich auch für das Sozialrecht und nahezu alle anderen Bereiche.

---

1 Vgl. vor allem *U. Smeddinck*, Integrierte Gesetzesproduktion, Berlin 2006 mit zahlreichen weiteren Nachweisen, *M. Rossi*, Betroffenenbeteiligung im Gesetzgebungsverfahren, JöR 62 (2014), S. 159 ff.; *S. Ledermann*, Evidenz und Expertise im vorparlamentarischen Gesetzgebungsprozess, Swiss Political Science Review (2014), Vol. 20(3), S. 453 ff.

I. Klima- und Corona-Krise

In den letzten zwei, drei Jahren ist das schwierige Verhältnis von Wissenschaft und Politik vor allem durch zwei Krisen ins Bewusstsein gelangt: durch die Klimakrise einerseits und die Corona-Krise andererseits. Auf einer Tagung des Instituts für Europäische Gesundheitspolitik und Sozialrecht bietet es sich an, primär auf die Maßnahmen abzustellen, die zur Bewältigung der Corona-Krise gedacht waren und sind.

Die Corona-Krise hat insofern wie unter einer Lupe zwei Aspekte vor Augen geführt: Sie hat zum einen gezeigt, wie sehr die Politik gerade in Krisenzeiten, die nicht nur durch besonderen Zeitdruck, sondern immer auch von Unsicherheit, Ungewissheit und Unklarheit gekennzeichnet sind, auf Wissen angewiesen ist, das Sicherheit, Gewissheit und Klarheit verspricht. Die Corona-Krise hat zum anderen aber auch verdeutlicht, wie sehr die Politik in solchen Zeiten auf die Macht des Wissens vertraut, wie sehr sie also anstelle von eigenen Entscheidungen – und Entscheiden meint immer auch Abwägen und Priorisieren – eher Experteneinschätzungen und -empfehlungen eins zu eins umsetzt. Die Politik hat, so wird man rückblickend bei allen gebotenen Differenzierungen verallgemeinernd sagen dürfen, zeitweilig schlicht unter Verweis auf „die Wissenschaft" auf eine bestimmte Lage reagiert und sich noch nicht einmal bemüht, „vor die Lage" zu kommen, also das Ruder selbst in die Hand zu nehmen bzw. den Kurs vorzugeben. Die Corona-Krise hat sich – jedenfalls zu Beginn – insofern zunächst als ein epistemisches Problem[2] dargestellt, also nahezu ausschließlich als eine Frage von Wissen, Expertise und Kompetenz.

Für Anhänger eines streng wissens- und wissenschaftsgläubigen Politikkurses waren die ersten staatlichen Reaktionen auf die Corona-Krise denn auch ein weiterer Weckruf für ein „follow-the-science", den sie insbesondere auch für die Klimapolitik fruchtbar machen wollten und wollen. Im Bereich der Klimapolitik zeigt sich der epistemische Charakter politischer Streitfragen in besonderer Weise und auch schon seit längerem, aber weil die Folgen des Klimawandels – anders als bei der Corona-Krise – nicht unmittelbar spürbar und zudem Kausalzusammenhänge ungleich komplexer sind, hat sich das Expertenwissen nicht in dem Maße in politischen Maßnahmen niedergeschlagen, wie manche sich das gewünscht haben.

---

2   Grundlegend *L. Münkler*, Expertokratie, Tübingen 2020; vgl. auch *A. Bogner*, Die Epistemisierung des Politischen, Ditzingen 2021.

An sie wendet sich etwa der ehemalige Bundestagspräsident *Wolfgang Schäuble* in seiner Rede zur konstituierenden Sitzung des Bundestages am 26.10.2021. Er führte mit mahnenden Worten aus:

> *„Das mitunter zähe Ringen um gesellschaftliche Mehrheiten sollten wir gerade auch denjenigen nahebringen, die mit Blick auf den Klimawandel von der Trägheit demokratischer Prozesse enttäuscht sind und sofortiges Handeln fordern. Ihre Motive sind nachvollziehbar, aber wissenschaftliche Erkenntnis allein ist noch keine Politik und schon gar nicht demokratische Mehrheit. Wer Ziele und Mittel absolut setzt, bringt sie gegen das demokratische Prinzip in Stellung. Übrigens kann die Wissenschaft genauso wenig letzte Gewissheit liefern, und in der Demokratie gibt es sowieso nicht die eine richtige Entscheidung. Genau damit müssen wir umgehen.“*[3]

II. Verhältnis von Wissenschaft und Politik

Für das Verhältnis von Wissenschaft und Politik sind aus dieser Rede zwei wesentliche Aussagen festzuhalten.

Bedeutsam ist zunächst der Satz: „Wissenschaftliche Erkenntnis allein ist noch keine Politik und schon gar nicht demokratische Mehrheit". Dieser Satz impliziert zweierlei: Er differenziert zwischen Erkenntnis auf der einen Seite und Entscheidung auf der anderen Seite. Und er gesteht in seinem Nachsatz in Ansehung des Demokratieprinzips der Mehrheit zu, sich gegen wissenschaftliche Erkenntnis zu entscheiden. Mit dieser Aussage ist die alte und große Frage tangiert, ob und unter welchen Rahmenbedingungen eine Demokratie „beste" Entscheidungen hervorbringt und überhaupt hervorbringen kann bzw. ob letztlich prozedural legitimierte Mehrheitsentscheidungen besser sind als sachlich legitimierte Expertenmeinungen.

Nicht weniger relevant ist zum anderen der Satz: „Wer Ziele und Mittel absolut setzt, bringt sie gegen das demokratische Prinzip in Stellung." Dieser Satz überrascht nicht, denn es war auch *Wolfgang Schäuble*, der zu Beginn der sehr drastisch geführten Diskussionen über die Corona-Maßnahmen in Erinnerung rief, dass keinem Wert der Verfassung, auch nicht dem Gesundheitsschutz, ein absoluter Vorrang gegenüber anderen Werten zustünde,[4] und erst im Anschluss an diese Erinnerung hat die politische wie auch die wissenschaftliche Diskussion eine sachlichere Dimension angenommen.

---

3   Abrufbar unter https://www.bundestag.de/parlament/praesidium/reden/2021/20211 026-866254 (letzter Aufruf: 01.06.2023).

4   https://www.tagesspiegel.de/politik/schauble-will-dem-schutz-des-lebens-nicht-alles-unterordnen-7507174.html (letzter Aufruf: 01.06.2023).

Dieser Satz bedeutet jenseits rechtlicher und rechtswissenschaftlicher Mäßigung vor allem auch, dass kein noch so richtiges Wissen für sich in Anspruch nehmen kann, mit entsprechenden politischen Maßnahmen konsequent und rigoros umgesetzt zu werden. Letztlich ist die von *Wolfgang Schäuble* zutreffend zitierte Erkenntnis vielmehr eine Absage an jede Form absoluter, radikaler oder auch nur vermeintlich konsequenter Entscheidungen. Oder anders formuliert: Es ist das Verbot, eine bestehende Komplexität zu ignorieren und so weit zu reduzieren, dass bestimmte Aspekte und damit auch bestimmte andere Interessen vollständig außer Acht bleiben.

B. Maßstab: Gute Gesetzgebung

Nach dieser etwas längeren Einstimmung in die Grundproblematik soll nun die eigentliche Frage betrachtet werden, ob die Einbeziehung externer Expertise eine Voraussetzung guter Gesetzgebung ist.

Dabei ist es unerlässlich, zunächst den Maßstab näher in den Blick zu nehmen. Was ist „gute Gesetzgebung"? Wann liegt ein gutes Gesetz vor, wann ein besseres? Was macht optimale Gesetzgebung aus? Bemisst sich die Qualität von Gesetzen an der Einhaltung ihrer verfassungsrechtlichen Grenzen? An ihrer Verständlichkeit? An ihrer Wirksamkeit? An den Modalitäten ihres Zustandekommens? Und wenn es mehrere Maßstäbe sein sollten, die „gute Gesetzgebung" ausmachen, welches ist dann der maßgebliche?

I. Unzählige Kriterien und Systematisierungen

Diese Fragen können hier schon deshalb nicht abschließend beantwortet werden, weil es je nach Erwartungshorizont und Fachdisziplin unzählige Kriterien und fast ebenso viele Systematisierungen für Qualitätsmaßstäbe gibt. Der vielzitierte Mandelkern-Bericht aus dem Jahre 2001[5] etwa benennt Notwendigkeit, Verhältnismäßigkeit, Subsidiarität, Transparenz, Zurechenbarkeit, Zugänglichkeit und Einfachheit als „Allgemeine Grundsätze" auf dem Weg zu besseren Gesetzen. In dem Gutachten „Gute Gesetzgebung", das *Gunnar Folke Schuppert* im Jahre 2002 im Auftrag des Bundesministeriums der Justiz erstellt hat, wurden weitere – und andere – Maßstäbe benannt.[6] Gleiches gilt für die Ergebnisse des *Deutschen*

---

5   Die Expertengruppe unter dem Vorsitz von *D. Mandelkern* war von den europäischen Ministern für die öffentliche Verwaltung einberufen worden, um Empfehlungen zur Umsetzung des Lissabon-Prozesses vorzubereiten.

6   *G. F. Schuppert*, Gute Gesetzgebung, ZG, Sonderheft 2003.

Juristentages, der sich im September 2004 mit „*Wegen zu besserer Gesetzgebung*" befasst hat.[7] Eine im Auftrag des Normenkontrollrats im Jahre 2019 vorgelegte Studie von *McKinsey & Company* hebt dagegen neben der gebotenen Verfassungskonformität nur die Wirksamkeit, die Adressatenfreundlichkeit und die Vollzugstauglichkeit eines Gesetzes als zentrale Merkmale guter Gesetzgebung hervor.[8] Aus normativer Perspektive ist vor dem Hintergrund der Vielzahl und der zum Teil willkürlich anmutenden Auswahl der unterschiedlichen Kriterien hervorzuheben, dass es keine rechtlich verbindliche Norm gibt, die Kriterien für eine gute Gesetzgebung abschließend und verbindlich festlegt. Das gilt sowohl für die nationale als auch für die europäische Ebene.

II. Verfassungsrechtliche Vorgaben und Regeln gesetzgeberischer Klugheit

Selbstverständlich lassen sich aus dem Verfassungsrecht bzw. aus dem primären Unionsrecht eine Reihe von Anforderungen an Gesetze ableiten. Insofern lassen sich die vielfältigen Kriterien nach dem Grad ihrer Verbindlichkeit unterscheiden in „harte" verfassungsrechtliche Anforderungen auf der einen Seite und „weiche" Klugheitsregelungen auf der anderen Seite.

1. Verbindliche Vorgaben

„Harte" verfassungsrechtliche Vorgaben sind Qualitätsanforderungen, die nicht nur verbindlich wirken, sondern letztlich über die Verfassungskonformität und damit über die Frage entscheiden, ob die Gesetze ihre Wirkungen überhaupt erzielen können. Sie sind zwar keine Geltungsvoraussetzungen für Gesetze, weil allen formkonform verkündeten Rechtsakten zunächst Geltung zukommt. Sie geben den maßgeblichen (Verfassungs-)Gerichten aber einen Maßstab an die Hand, aus dem sich die weitere Fortgeltung oder gar die ursprüngliche Nichtigkeit ergeben kann. Zu diesen Anforderungen zählen zum eine solche, die sich auf die Gesetzgebung als Prozess beziehen, vor allem auf das Gesetzgebungsverfahren; zum anderen aber auch materielle Grenzen, die sich insbesondere durch die Grundrechte ergeben, die darüber hinaus rechtsstaatlich begründet

---

7 S. insb. *P. Blum*, Wege zu besserer Gesetzgebung – sachverständige Beratung, Begründung, Folgeabschätzung und Wirkungskontrolle, Gutachten I zum 65. DJT, München 2004, S. I 121 u. passim.

8 Nationaler Normenkontrollrat (Hrsg.), Erst der Inhalt, dann die Paragrafen: Gesetze wirksam und praxistauglich gestalten, Berlin 2019, S. 14.

sind: Das Bestimmtheitsgebot, der Grundsatz des Vertrauensschutzes und das Verhältnismäßigkeitsprinzip formulieren Mindestgebote für die Qualität von Gesetzen, wenngleich ihre Durchsetzung immer noch davon abhängig ist, wie das jeweils zuständige Gericht sie interpretiert.

2. Empfehlende Klugheitsregeln

Über diese Mindestgebote hinaus gibt es aber eine Reihe von „Klugheitsregeln", die Gesetze befolgen sollten, deren Missachtung letztlich aber ohne (rechtliche) Konsequenzen bleibt. Notwendigkeit, Praktikabilität, Akzeptanz, Flexibilität, Lernfähigkeit, Kohärenz und Effizienz seien als Beispiele für solche Qualitätskriterien genannt, über deren Sinnhaftigkeit weitgehend Einigkeit besteht, deren Beurteilung gleichwohl meist im Auge des Betrachters liegt und deren Missachtung deshalb nicht ohne weiteres festgestellt werden kann. Das gilt insbesondere auch mit Blick auf den Maßstab, nur „gerechte" Gesetze könnten gute Gesetze sein.

3. Staatspolitische Zielsetzungen und Maximen

Zwischen diese harten und weichen Qualitätsanforderungen treten schließlich noch staatspolitische Zielsetzungen und Maximen, die vom Gesetzgeber zwar verbindlich zu berücksichtigen sind, die ihm aber regelmäßig einen so weiten Beurteilungsspielraum überlassen, dass sie letztlich rechtlich unverbindlich sind. Zu diesen Anforderungen zählen etwa auf den Umwelt- bzw. auf den Tierschutz bezogene Staatszielbestimmungen (Art. 20a GG), daneben die Beachtung des gesamtwirtschaftlichen Gleichgewichts (Art. 109 Abs. 2 GG), der Grundsatz der Wirtschaftlichkeit (Art. 114 Abs. 2 GG) oder auf europäischer Ebene etwa die vielfältigen Querschnittsklauseln, die bspw. auf ein hohes Umweltschutzniveau (Art. 11 AEUV) oder ein hohes Datenschutzniveau (Art. 16 AEUV) gerichtet sind.

III. Vorgaben für Gesetze und Voraussetzungen für das Gesetzgebungsverfahren

Unterschieden werden kann, das ist bereits angeklungen, aber auch zwischen den Vorgaben für den Inhalt von Gesetzen und den Voraussetzungen für das Gesetzgebungsverfahren.

Das Verfahren kann durchaus in einem instrumentellen Sinne verstanden werden, wie es auch vom Verwaltungsverfahren bekannt ist. Es hat aber weitaus mehr als eine nur dienende Funktion, denn es schafft mit Blick auf vielfältige

Qualitätsanforderungen einen eigenständigen Mehrwert. Als Beispiel sei auf die Herstellung von Transparenz durch Anhörungen sowie auf die Bewirkung von Akzeptanz durch deliberative Verfahren hingewiesen. Aber auch die Frage, ob die Einbeziehung externer Expertise eine solche Voraussetzung guter Gesetzgebung ist, berührt die Anforderungen an das Verfahren der Gesetzgebung.

C. Funktionen der Einbeziehung von Expertise

Damit sei der Blick vom Maßstab zum Gegenstand der Frage gewendet – zur Expertise, genauer: zur externen Expertise. Wie der Maßstab der Frage nach „guter Gesetzgebung" ist auch der Gegenstand „externe Expertise" in höchstem Maße unpräzise. Expertise wird in vielfältiger Form in die Gesetzgebung eingebracht – durch Beiräte, Arbeitskreise, Sachverständigenräte, Projektgruppen, durch permanente oder ad hoc gebildete Expertenkommissionen, durch plural besetzte Gremien oder durch Einzelpersonen. Erneut bedürfte es insofern eines differenzierten Bildes, und erneut sei insofern auf die grundlegende Untersuchung von *Laura Münkler* verwiesen.[9]

Die Funktionen, denen eine Einbeziehung von Expertise in die Gesetzgebung dienen kann, überschneiden sich zum Teil mit denen, die die Einbeziehung von Betroffenen erfüllen soll. Auch ihr kommt zunächst eine für sich genommen neutrale Informationsfunktion sowie eine Qualitätssicherungsfunktion zu. Auch kann die Akzeptanz von Entscheidungen durch die Einbeziehung von externen Experten verbessert werden. Allerdings beruht diese Akzeptanzverbesserung weniger auf der partizipatorischen Einbindung der späteren Adressaten als vielmehr auf dem Know-how der Experten. Sie entbehrt somit des vertragsähnlichen Grundcharakters und hat insofern keine spezifisch demokratische Grundfärbung, sondern ist durch eine rational vermittelte Legitimität gekennzeichnet.

Freilich darf nicht übersehen werden, dass Experten eben nicht nur inhaltsbezogene Aufgaben übernehmen. Sie werden vielfach aus symbolischen und taktischen Erwägungen in die Entscheidungsfindung einbezogen. Dass hochkomplexe und schwierige politische Abwägungsfragen in scheinbar einfach zu lösende technische Probleme konvertiert werden, die sich vermeintlich in einem bipolaren „falsch-richtig-Muster" darstellen und deshalb schnell Alternativlosigkeit begründen lassen, ist schon lange bekannt.[10]

---

9 *L. Münkler*, Expertokratie, Tübingen 2020.
10 Grundlegend *D. B. Bobrow/J. Dryzek*, Policy Analysis by Design, Pittsburgh 1987.

Nichtsdestotrotz dürfte außer Frage stehen, dass Expertise bei der Rechtserzeugung notwendig ist. Wenn man annimmt, dass Gesetze eine vorgefundene
reale und soziale Wirklichkeit in bestimmter Weise gestalten wollen, bedürfen
sowohl das Erfassen der Wirklichkeit als auch deren Gestaltung sachkundiger
Informationen über den Ist-Zustand und möglichst valider Einschätzungen
über die Erreichung des Soll-Zustands.

I. Erfassen der Wirklichkeit

Die Gestaltungs- und Steuerungskraft des Rechts setzt zunächst voraus, dass es
die Wirklichkeit, die es beeinflussen will, hinreichend gut erfasst. Die Bewältigung des Klimawandels ist ohne Wissen über naturwissenschaftliche Zusammenhänge nicht möglich, die Eindämmung der Kriminalität ist ohne Kenntnis
deren Ursachen aussichtslos, und auch die zivilrechtliche Regulierung des Woh-
nungsmarktes setzt Informationen über Angebot und Nachfrage voraus, um nur
drei Beispiele aus allen drei Teildisziplinen des Rechts zu wählen. Ohne eine
verlässliche Datenbasis sind keine „guten Gesetze" zu machen. Dies ist der Ausgangspunkt für eine Evidence-Based-Policy, die seit gut zwei Jahrzehnten für ein
besseres Zusammenwirken von Wissenschaft und Politik wirbt.

II. Gestalten der Wirklichkeit

Aber auch die Gestaltung der Wirklichkeit verlangt in unterschiedlichster Hinsicht nach hinreichend genauem Wissen. Das gilt vor allem aber für die (wahrscheinliche) Gesetzeswirkung. Prognosen über Kausalverläufe, Aussagen über
wahrscheinliche gesellschaftliche Gesetzmäßigkeiten und die Antizipation insbesondere auch von unerwünschten Nebenwirkungen – alles Elemente der nach
§ 44 GGO durchzuführenden Gesetzesfolgenabschätzung – bedürfen einer Wis-
sensermittlung, die den Sachverstand eines einzelnen Referats, zum Teil wohl
den Sachverstand der gesamten Organisationseinheit Regierung überfordert.

D. Externe Expertise

Das Wissen, das für gesetzliche Entscheidungen benötigt wird, ist beim Staat nur
zum Teil vorhanden. Soweit der Staat nicht selbst über entsprechende Informationen verfügt, werden einzelne Experten oder ganze Expertengremien in die
hoheitliche Entscheidungsfindung einbezogen.

I. Systematisierungsmöglichkeiten

Betrachtet man ein typisches Gesetzgebungsverfahren in Deutschland, sind die Instrumente, auf denen solches externes Expertenwissen in die Gesetzgebung eingebracht wird, vielfältig, und ebenso vielfältig wäre ihre systematische Erfassung. Sie ließen sich nach Akteuren, nach dem Grad ihrer Unabhängigkeit, nach der Reputation ihres Sachverstands oder der Bindungswirkung ihrer Entscheidungen kategorisieren. Ebenso ließen sich institutionalisierte von informellen Instrumenten unterscheiden. Ohne Anspruch auf Vollständigkeit seien beispielhaft einige benannt: Institutionelle Akteure sind vor allem die kommunalen Spitzenverbände sowie die Länder, die wegen ihrer Vollzugs- und Finanzierungsverantwortung stets früh in die Gesetzgebung einbezogen werden, daneben aber auch die anderen Fachministerien, etwaige nachgeordnete Fachbehörden sowie der Normenkontrollrat. Informelle Akteure sind etwa die Fach- sowie die allgemeine Öffentlichkeit, spezifische Verbände oder auch Betroffene. Eine trennscharfe Abgrenzung zwischen all diesen Akteuren ist weder möglich noch nötig. Hervorzuheben ist allein, dass in zeitlicher Hinsicht eine Konzentration auf diejenige Phase der Rechtserzeugung stattfindet, die – wenn auch noch nicht verfassungsrechtlich, so doch von der Geschäftsordnung der Bundesregierung – explizit geregelt ist. Damit wird das gesamte Vorfeld ausgeblendet, das dem ersten Gesetzentwurf in einem Referat eines Ministeriums vorgelagert ist. Dieses einflussreiche Vorfeld kann für ein später formal verabschiedetes Gesetz freilich von ungemein großer Bedeutung sein: Hier werden Ideen für Gesetze von der Zivilgesellschaft – das können Wirtschaftsverbände ebenso sein wie bestimmten Aspekten des Gemeinwohls verschriebene NGOs, das sind häufig auch die politischen Parteien, das sind mitunter aber auch einzelne Wissenschaftler – bereits vorgedacht und zum Teil auch ausformuliert. Deshalb sei nur kurz in Erinnerung gerufen, dass solche informellen und inoffiziellen Vorhaben in ihrer Bedeutung nicht zu unterschätzen sind. Sie sind weitaus mehr als bloße Einfallstore für einen primär politisch motivierten Lobbyismus. Vielmehr bringen sie aus einer Betroffenenperspektive eben nicht nur Wünsche zum Ausdruck, sondern auch Wissen in das Gesetzgebungsverfahren ein, über das der Staat nicht oder nur nach aufwändigen Forschungen selbst verfügt. Die Betroffenenbeteiligung ist insoweit ein wichtiges Einfallstor für Expertise in der Gesetzgebung.

Umgekehrt ist grundsätzlich zwischen der Beteiligung von Betroffenen und der Einbeziehung von externer Expertise zu unterscheiden. Die Betroffenenbeteiligung dient zwar – wie die Expertise – auch der Qualitätssicherung, zielt aber in erster Linie auf frühzeitige Vertrauensbildung sowie auf die Sicherung von Akzeptanz und damit auf die Akzeptanz des Vollzugs von Gesetzen ab. Die

Einbeziehung externer – und d.h. im Idealfall: unabhängiger – Expertise will dagegen in erster Linie die Richtigkeit und Verlässlichkeit der tatsächlichen Annahmen sicherstellen, von denen der Gesetzgeber ausgeht. Dabei ist es gerade die fehlende unmittelbare Betroffenheit, die die Glaubwürdigkeit und Qualität einer Expertise ausmacht. Experten vertreten im Idealfall nicht eigene, sondern allgemeine Interessen, während Betroffene gerade explizit ihre Interessen geltend machen sollen.

II. Regierungsinterne Entwurfsphase

In der regierungsinternen Entwurfsphase, die im inneren Gesetzgebungsverfahren der Einbringung eines fertigen Gesetzentwurfs vorausgeht, wird Expertise also nicht nur durch eine Einbindung der Betroffenen erreicht, sondern zunächst und vor allem durch die Beteiligung anderer Fachministerien. Natürlich werden diese Abstimmungen auch – und in einer Koalitionsregierung vielleicht sogar in erster Linie – für primär politische Einflussmöglichkeiten genutzt. Aber idealiter wird vor allem der in den anderen Ministerien und gegebenenfalls ihren weiteren Behörden verfügbare Sachverstand einbezogen. Das gilt etwa im Verhältnis zwischen Wirtschafts- und Umweltministerium, um den klassischen Disput zwischen Ökonomie und Ökologie zu thematisieren. Der Informationsaustausch zwischen ihnen bezieht sich nicht erst auf die umzusetzenden politischen Wünsche, sondern schon auf das Wissen über die zu gestaltende Wirklichkeit.

III. Parlamentarische Beratungsphase

Ähnliches gilt für die Ausschussbeteiligung im Rahmen der parlamentarischen Beratungsphase. Hier werden nicht nur unterschiedliche Ausschüsse beteiligt, sondern oftmals noch Sachverständigenanhörungen durchgeführt. Ihre Bedeutung ist einerseits nicht zu überschätzen, denn die Sachverständigen werden von den einzelnen Fraktionen vorgeschlagen und stehen nicht immer in einer nüchternen Distanz zu deren politischen Zielen. Mit ihrer Unabhängigkeit geht in solchen Fällen oft ihre Glaubwürdigkeit verloren. Andererseits ist ihre Einbeziehung auch nicht zu unterschätzen. Erstens ist die Nominierung von Sachverständigen durch die Fraktionen nicht stets mit einem Marionettentheater gleichzusetzen, zumal diese Nominierung zuweilen merkwürdigen und von außen nicht nachvollziehbaren Regeln folgt. Zweitens bestimmt jeder Sachverständige letztlich selbst, inwieweit er oder sie auf die zuvor geäußerten politischen Wünsche einzelner Fraktionen eingeht. Drittens und vor allem finden die Anhörungen der Sachverständigen öffentlich statt und werden von der

Öffentlichkeit – jedenfalls von den Medien – auch entsprechend wahrgenommen. Das verleiht Ihnen oftmals ein besonderes Gewicht.

IV. Föderale Beratungsphase

Der Bundesrat dagegen organisiert regelmäßig keine eigenen Sachverständigenanhörungen mehr. Das darf aber nicht darüber hinwegtäuschen, dass die Einbindung des Bundesrates in das Gesetzgebungsverfahren eine weitere Einfallstür für Expertise ist, denn die einzelnen Mitglieder des Bundesrates lassen sich durch ihre eigenen Fachministerien entsprechend unterrichten.

V. Informeller und institutionalisierter Sachverstand

Als letztes Beispiel soll die Perspektive des Gesetzgebungsverfahrens verlassen und eine andere Systematisierung in den Vordergrund gestellt werden. Die Arten der Einbeziehung externen Sachverstands in die politische Entscheidungsfindung lassen sich nämlich auch danach differenzieren, wo dieser Sachverstand gebildet wurde und wie er in den Rechtsetzungsprozess einfließt. Anlass für diese Perspektive sind die Corona-Maßnahmen, die zwar rechtlich weitgehend von den Ländern beschlossen wurden, aber zunächst regelmäßig auf Bundesebene vorbereitet wurden. Von besonderer Bedeutung waren dabei die Empfehlungen des *Robert-Koch-Instituts*, der *Ständigen Impfkommission* wie auch der *Leopoldina*, der Nationalen Akademie der Wissenschaften. Diese Akteure konkurrierten mit Verbänden und Einzelpersonen um die Deutungshoheit der aktuellen Gefährdungslage und zum Teil mit der Regierung um die Empfehlungen für die künftige Politik. Unabhängig von der Frage, welche Rolle diesen Akteuren bei hoheitlichen Entscheidungen zukommen sollte und zukommen darf, verdeutlichen sie doch alle, dass ein Staat gut beraten ist, wenn er Freiheiten gewährt und Institutionen vorhält, die Wissen generieren und bei Bedarf zur Verfügung stellen.

VI. Expertengruppen in der europäischen Rechtsetzung

Die Art und Weise, wie externes Wissen für die Rechtsetzung vorgehalten und bei Bedarf abgerufen wird, lässt mich einen Blick auf die europäische Rechtsetzung werfen. Vor dem Hintergrund, dass ein Großteil der nationalen Rechtsetzung maßgeblich nur der Umsetzung europäischer Richtlinien dient, kommt der Frage, wie die Expertise in die europäische Rechtsetzung einfließt, eine besondere Bedeutung zu. *Anne Dankowski* fasst ihre umfassende und grundlegende Untersuchung u. a. mit folgenden Ergebnissen zusammen[11]:

Wegen ihres monopolartigen Initiativrechts und ihren abgeleiteten Rechtsetzungsbefugnissen steht hier die Kommission im Fokus. Ihrer rechtlichen Gestaltungsmacht stehen in der Praxis wegen mangelnder personeller Ressourcen und fehlender politischer Einbindung ein besonderer Informationsbedarf und die Notwendigkeit einer Vernetzung mit dem Regelungsumfeld gegenüber. Die Kommission ist dieser strukturellen Herausforderung in erster Linie mit einem System von circa 1000 Expertengruppen entgegengetreten. (Daneben stehen freilich zahlreiche andere Quellen, die hier nur der Vollständigkeit halber genannt werden sollen: So schreibt die Kommission immer wieder Studien und Gutachten aus, beschäftigt Sonderberater, nimmt Konsultationen vor und betraut Komitologieausschüsse mit besonderen Fragen. Die Expertengruppen haben sich neben diesen anderen Formen aber als ein Charakteristikum europäischer Rechtsetzung erwiesen, dessen sich weder die allgemeine Öffentlichkeit noch die (rechtswissenschaftliche) Fachöffentlichkeit hinreichend bewusst ist. Diese Gruppen sind nicht explizit in die institutionelle Struktur der EU eingebunden. Tatsächlich sind sie jedoch zu einem festen und funktionsnotwendigen Bestandteil der Kommissionsstrukturen herangewachsen und aus den Prozessen der europäischen Rechtsetzung kaum mehr hinwegzudenken. Rechtlich sind sie seit 2010 durch horizontale Bestimmungen äußeren Rahmenvorgaben unterworfen, die zuletzt 2016 geändert wurden. Sie sollen aber in erster Linie nur einen gleichheitsgerechten Zugang zu den einzelnen Gruppen gewährleisten.

Verfahrensrechtlich wirken Expertengruppen im Stadium der Rechtsetzungsvorbereitung, konkret in den Phasen der Rechtsetzungsplanung sowie der Entwurfsausarbeitung mit. Diese sind Teil des „inneren", kaum reglementierten Kommissionsverfahrens, das der eigentlichen Entscheidung vorgelagert ist. Die formelle Entscheidungsgewalt verbleibt bei der Kommission selbst. Das Expertiseverständnis der Kommission ist weit und erfasst neben dem wissenschaftlichen auch einen praxisnahen und interessengeprägten Sachverstand. Die Kommission verfolgt damit jedenfalls symbolisch eine „Demokratisierung von Expertise" und instrumentalisiert Expertengruppen als Teil ihrer Governance-Strategie. Die Motivation der Kommission für die Einbeziehung von Expertengruppen liegt darüber hinaus in dem Wunsch, die Fähigkeit zur Lösung von Sachproblemen zu verbessern und eine höhere Qualität der Rechtsetzung zu erzeugen sowie zugleich einen Konsens und bessere Akzeptanz zu erreichen. Bei

---

11 *A. Dankowski*, Expertengruppen in der europäischen Rechtsetzung, Berlin 2019.

theoretischer Betrachtung wird man den Expertengruppen zudem eine wissens-vermittelnde Funktion attestieren können. Außerdem soll ihre Einbeziehung eine depolitisierende Wirkung entfalten, eine verständigende, konsens- und kompromissorientierte Beratung ermöglichen sowie schließlich Legitimation generieren bzw. jedenfalls stärken.

Ohne an dieser Stelle eine abschließende Bewertung der Tätigkeit der Expertengruppen auf europäischer Rechtsetzungsebene vornehmen zu wollen, sind all diese Funktionen – jedenfalls aus streng rechtswissenschaftlicher Perspektive, weniger natürlich aus sozialwissenschaftlichem Blickwinkel – mit Vorsicht zu genießen. Denn der Reiz einer „Depolitisierung" widerspricht schon strukturell dem grundsätzlich Politischen, das einer Demokratie immanent ist, und wenn die Vermeidung politischer Kompromisse durch antizipierte Lösungen auf sachlich-technischer Ebene propagiert wird, muss stets im Einzelfall beurteilt werden, ob nicht vielleicht doch bestimmte Interessen(gruppen) einfach vom Willensbildungsprozess ausgeschlossen werden oder bestimmte Rechtsgüter überhaupt nicht in die Abwägung einbestellt werden.

Vor allem aber unterscheidet sich das diesen Expertengruppen zugrundeliegende „Experten"-Verständnis von dem, was in der deutschen Diskussion landläufig unter der Einbeziehung von Experten verstanden wird. Die jedenfalls theoretische Unterscheidung von Betroffenen und Experten, die für den deutschen Rechtsetzungsprozess eben kurz skizziert wurde, ist auf europäischer Ebene quasi aufgehoben, und so ist auch die Grenze zum Lobbyismus hier sehr viel durchlässiger.

E. Grundprobleme bei der Einbeziehung externer Expertise

Was sich auf europäischer Ebene bewährt hat, zeugt zugleich von den Grundproblemen, die mit der Einbeziehung von externem Wissen in die Gesetzgebung in Deutschland einhergehen. Drei dieser Grundprobleme sollen benannt werden.

I. Rezeption und Bewertung des externen Wissens

Das erste Problem betrifft die Empfangsebene. Bislang wurde nur skizziert, welche Möglichkeiten es gibt, externes Wissen in den politischen Entscheidungsprozess einzubringen. Quintessenz der kurzen Beschreibung ist, dass die Wissenseinbringung durch Pluralität gekennzeichnet ist. Dieses Wissen muss in den staatlichen Organen aber auch rezipiert werden können, es muss also zunächst verstanden und bewertet werden. Dabei stellt sich die Frage, ob die staatlichen Entscheidungsorgane über ein ausreichendes und angemessenes Rezeptorensystem verfügen. Mit der Pluralität der Informanden und Informationen geht dabei aber zwangsläufig die Gefahr einer Überforderung einher. Denn die an die staatlichen Institutionen herangetragenen Informationen müssen eben nicht nur für sich in ihrer eigenen Disziplin, sondern in ihrem Zusammenspiel bewertet werden. Dies ist letztlich nicht nur eine organisatorische, sondern auch eine interdisziplinäre Herausforderung.

II. Verhältnis von Wissen und Entscheiden

Das zweite Problem ist konkret und lässt sich letztlich verfahrens- bzw. organisationsrechtlich lösen. Es besteht in der Ambivalenz zwischen Wissen und Entscheiden in der Demokratie: Ausgehend von der Notwendigkeit einer Expertenberatung wird auf der einen Seite die Verlässlichkeit einer Expertise von der Politik wie vor allem von der Öffentlichkeit umso höher eingestuft, je unabhängiger die entsprechenden Experten sind. Dann allerdings ist ihre Einbeziehung auch allein durch ihren Sachverstand legitimiert. Auf der anderen Seite wird gerade zur Stärkung ihrer demokratischen Legitimation eine Anbindung an die staatlichen Organe der Rechtsetzung verlangt. Dann allerdings steht oft der Verdacht einer manipulativen Wissensaufbereitung im Raum.

Dieses Spannungsverhältnis lässt sich nicht ganz aufheben, aber sicher doch reduzieren. Aus verfassungsrechtlicher und damit zugleich auch aus legitimatorischer Perspektive ist letztlich entscheidend, dass der demokratisch legitimierte Hoheitsträger sowohl durch die Expertise zur Entscheidung befähigt wird als aber auch das Letztentscheidungsrecht behält. Entgegen dem im Zusammenhang mit dem Klimawandel oft gehörten Ruf „follow-the-science" darf – gerade in einer Demokratie – nicht übersehen werden, dass jede Entscheidung nur eine Priorisierung von verschiedenen Regelungsoptionen ist und als solche in den Raum der Politik fällt. So zutreffend es insofern ist, dass Expertise eine Grundbedingung der Politik ist, so sehr muss sich diese Expertise auf die Bereitstellung belegbarer Fakten beschränken. Schon die Bewertung der Fakten fällt aber nicht mehr allein in die Hände der Wissenschaft, sie teilt sich diese Aufgabe mit der Politik. Welche Konsequenz schlussendlich aus den Fakten und ihrer Bewertung zu ziehen sind, ist allein Aufgabe der Politik, und sofern diese Politik in rechtsverbindliche Formen gegossen werden soll, kommt diese Aufgabe an sich den Parlamenten zu. Faktisch, das wissen wir alle, werden die wesentlichen Entscheidungen freilich bereits im Gesetzentwurf getroffen, der in aller Regel von der Regierung stammt. Das gilt für das Europarecht mit dem weitgehenden Initiativmonopol der Europäischen Kommission einmal mehr.

Nur wenn man der Meinung ist, dass die Politik in jeder Hinsicht und ausnahmslos durch Zahlen, Daten und Fakten festgelegt ist, dann stellt sich für die Ausrichtung der Politik in der Tat allein die Frage, wer über die „bessere" Datengrundlage verfügt. Indes ist schon diese Grundannahme falsch, jedenfalls für liberale Demokratien. Mit *Joseph Alois Schumpeter* ist vielmehr immer wieder daran zu erinnern, dass die liberale Demokratie keinem expliziten normativen Ziel folgt, sondern nur eine Methode zur Herstellung sozialer Ordnung bereitstellt. Diese Methode ist auf Wissen angewiesen, muss aber sowohl bei sicherem Wissen als auch bei Unwissen stets eigen- und letztverantwortlich handeln.

Im Übrigen, aber das sei hier nur noch angedeutet, kann das Problem auch dadurch entschärft werden, dass bezüglich des Wissensinputs nach Möglichkeit einerseits ein Expertenkonsens und andererseits Pluralität sichergestellt wird. Denn ein Expertenkonsens indiziert, dass dem vermittelten Wissen keine politisch relevanten Wertungen zugrunde liegen. Wenn darüber hinaus der Expertenkonsens auch interdisziplinär gesichert ist, spricht eine sehr hohe Wahrscheinlichkeit für seine Richtigkeit.

III. Rechtsetzung als epistemisches Problem

Das dritte Problem ist eher abstrakter Natur. Es besteht in der Gefahr einer zunehmenden Epistemisierung der Politik, mit anderen Worten: darin, dass ein primär politischer Streit als Wissenskonflikt ausgetragen wird. Wenn sich in einer Diskussion etwa theoretisch begründetes Wissen (Fachwissen) und davon abweichendes, empirisch erworbenes Wissen (Erfahrungen) unversöhnlich gegenüberstehen, wird der Wissensbegriff ebenso rational wie auch emotional verstanden. Das macht die politische Auseinandersetzung schwierig. Als Beispiel kann etwa auf die Diskussion über die Strafpolitik verwiesen werden. Hier zeugt die Kriminalitätsstatistik von zunehmender Sicherheit, während das Gefühl einer Mehrheit von Menschen eine abnehmende Sicherheit indiziert. Auch die Flüchtlingspolitik oder der Klimawandel sind Beispiele für Sachbereiche, in denen sich unterschiedliche Arten von „Wissen" gegenüberstehen.

Eine solche Epistemokratie droht die Demokratie zu zerstören. Denn Wissen allein trifft keine Entscheidungen und beseitigt auch nicht die Entscheidungsnotwendigkeit. Fachliches Wissen aus unterschiedlichen Disziplinen muss vielmehr transparent für alle Beteiligten eines demokratischen Diskurses zur Verfügung stehen. *Alexander Bogner* führt hierzu aus: „Lange Zeit schien der Glaube an die Rationalität der gesellschaftlichen Ordnung so dominierend, dass die Grenzen einer solchen rationalen Ordnung geradezu ignoriert wurden. Und die Grenzen liegen in erster Linie in der besonderen Komplexität der tatsächlichen

Grundlagen und ihrer Wirkungszusammenhänge. Die Welt ist eben nicht ein geschlossener, logischer Kausalzusammenhang, und deshalb kann der „Glaube daran, dass man, wenn man nur wollte, alle Dinge – im Prinzip – durch Berechnen beherrschen könne", wie Max Weber in seiner Schrift „Wissenschaft als Beruf" von 1919 formulierte, von vornherein nicht ausreichen. In jüngerer Zeit scheint anstelle der Rationalität zum Teil eine Emotionalität zum maßgebenden Kriterium für gesellschaftliche und staatliche, ja vermessenerweise gar für eine Weltordnung zu werden. Entsprechende Bewegungen berufen sich auf philosophische Gewährsmänner, die Wissensgläubigkeit der Moderne schon früh kritisiert und in Zweifel gezogen haben. Heisenbergs Unschärferelation, nach der schon der Versuch, etwas zu verstehen, das Objekt des Verstehens verändert, und Schrödingers Gedankenexperiment zu einer gleichzeitig lebendigen und toten Katze sind nur zwei markante Beispiele für die Hinterfragung sicheren Wissens."[12]

F. Einbeziehung externer Expertise als Obliegenheit

Trotz dieser Grundprobleme ist das Fragezeichen hinter der Fragestellung grundsätzlich durch einen Punkt, ja sogar durch ein Ausrufezeichen ersetzen.

Eine gute Gesetzgebung ist dadurch gekennzeichnet, dass sie neben der intern vorgehaltenen Expertise auch externes Expertenwissen berücksichtigt. Im Idealfall wird das interne Wissen nur bestätigt, dann schadet die zusätzliche Einbeziehung des externen Wissens nicht. Zuweilen wird sich das externe Wissen als zusätzliches Wissen darstellen, dann müssen die entsprechenden politischen Entscheidungen unter Umständen neu überdacht werden. Und sofern interne Annahmen und externe Meinungen konfligieren, muss in einem transparenten Verfahren offengelegt werden, warum welchen Annahmen gefolgt wird.

Auch aus rechtlicher, sogar verfassungsrechtlicher Perspektive spricht viel für einen Grundsatz, der Gesetzgeber möge sich externen Wissens bedienen. Es sind letztlich die Anforderungen des Verhältnismäßigkeitsgrundsatzes und hier insbesondere die erste, oft vernachlässigte Komponente der Eignung, die vom Gesetzgeber eine verlässliche Erfassung der Wirklichkeit verlangen, die häufig eben nur mit externer Expertise zu realisieren ist. Und die Erforderlichkeit verlangt mit ihrer Priorisierung der mildesten Mittel eine umfassende Folgenabschätzung, die heute jedenfalls für die von der Bundesregierung entworfenen

---

12 *A. Bogner*, Die Epistemisierung des Politischen, Ditzingen 2021, S. 23 ff.

Gesetze wie auch auf europäischer Ebene ohnehin fest im Rechtsetzungsverfahren verankert ist.

In Anlehnung an ein bewährtes Instrument im Umweltrecht wird man vom Gesetzgeber insofern verlangen können, dass er die für die Gesetzgebung maßgeblichen Informationen jeweils mit der „best available technique" beschafft, und es würde ein solches Optimierungsgebot verletzen, wenn der Gesetzgeber sehenden Auges vorhandenes Wissen nicht nutzte.

Das Bundesverfassungsgericht hat in verschiedenen Entscheidungen punktuell auf solche Verpflichtungen des Gesetzgebers hingewiesen, wobei es die prozeduralen Obliegenheiten stets dann stärker betont hat, wenn klare materielle Maßstäbe nicht greifbar waren. Es hat eine Pflicht zur Tatsachenfeststellung angenommen, die sich eben nicht in allgemeinen Feststellungen erschöpfen dürfe, sondern etwa auch komplexe Zusammenhänge des gesamtwirtschaftlichen Geschehens erfassen müsse.[13] In einer anderen Entscheidung hat das Gericht die Legislative verpflichtet, sich mit dem „Stand der Methodendiskussion" der empirischen Sozialforschung sowie der amtlichen Statistik im Vergleich zu beschäftigen.[14] Recht allgemein wird man eine verfassungsrechtlich begründete Prognosepflicht und eine Beobachtungspflicht des Gesetzgebers annehmen können. Damit ist zwar noch nichts darüber ausgesagt, ob und in welchem Maße der Gesetzgeber auf externes Wissen zurückgreifen muss. Doch in allgemeiner Hinsicht lässt sich der Verfassung sicherlich ein „Verbot der Realitätsverweigerung" entnehmen, und daraus folgt umgekehrt die Pflicht zur Wahrnehmung wissenschaftlichen Wissens.

Allerdings ist mit Blick auf die Grundprobleme des Verhältnisses von Wissenschaft und Politik in einer konstitutionellen Demokratie dieses Optimierungsgebot nicht zugleich auch als verfassungsrechtliches Gebot zu verstehen, dessen Verletzung die Nichtigkeit der Gesetze zur Folge haben kann bzw. zunächst einmal das Bundesverfassungsgerichts auf den Plan ruft. Vielmehr ist die Einbeziehung externer Expertise eine Klugheitsregel, die zudem nach verschiedenen Kriterien differenziert angewendet werden sollte: Nach der Eingriffsintensität, die die zu schaffende Regelung mit sich bringt, nach der Eingriffsbreite, vor allem aber auch nach der Revidierbarkeit der zu erlassenden Normen, letztlich also nach der Rechtsform. Gerade mit Blick auf die Revidierbarkeit sei vor einer Konstitutionalisierung des Gebots zur Einbeziehung externer Expertise

---

13 BVerfGE 50, 290 (333).
14 BVerfGE 65, 1 (55)

gewarnt: Gesetze sind immer noch leichter zu korrigieren als die Rechtsprechung des Verfassungsgerichts.

Im Übrigen sei noch einmal vor einer Verabsolutierung der sog. Expertise gewarnt – der internen wie der externen. Die plurale und freiheitliche Gesellschaft lebt von der Parallelität von Maßstäben und Diskursen (medizinischen, psychologischen, naturwissenschaftlichen, ethischen, juristischen und politischen), und sie lebt von der Konkurrenz zwischen diesen Diskursen. Meinungsfreiheit und Wissenschaftsfreiheit sind beide grundrechtlich geschützt, aber während die Meinungsfreiheit keine qualitativen Mindestanforderungen kennt, stellt die Wissenschaftsfreiheit qualifizierte Rationalitäts- und damit auch Qualitätsanforderungen. Das macht sie – jedenfalls für die allermeisten – so glaubwürdig. Diese Glaubwürdigkeit setzt Vertrauen voraus, und insofern mag abschließend Bundespräsident *Frank-Walter Steinmeier* mit einer Aussage zu Wort kommen, die er zur Eröffnung einer Konferenz zur „Zukunft der Demokratie" am 15.11.2021 getätigt hat:

> *„Wo Politik sich hinter Wissenschaft versteckt, oder umgekehrt, wo Politik sich an die Stelle der Wissenschaft setzt, ich könnte auch umgekehrt sagen, wo Politiker und Wissenschaftler sich gegenseitig benutzen, um Ziele durchzusetzen, da schwächen wir das Vertrauen sowohl in Wissenschaft wie in Demokratie."[15]*

---

15 https://www.bundespraesident.de/SharedDocs/Reden/DE/Frank-Walter-Steinmeier/
    Reden/2021/11/211115-Forum-Belleve-XII.html (letzter Aufruf: 02.06.2023).

Johannes Gallon

Gesetzgebung in der Krise: Politik zwischen Beschleunigung, informellem und formalisiertem Verfahren[*]

A. Einleitung

Das Infektionsschutzgesetz war in der Corona-Pandemie in aller Munde. In bisher unbekanntem Ausmaß sind während der Pandemie *parallel* zu den Gesetzgebungsverfahren sowohl die Inhalte des Infektionsschutzgesetzes als auch die Verfahren zur Änderung des Infektionsschutzgesetzes[1] in Öffentlichkeit und Wissenschaft diskutiert worden. Die tagesaktuelle Kritik erfolgte, wie die Gesetzesänderungen selbst, stets unter dem Eindruck einer bestimmten Situation.

Mit zeitlichem Abstand lassen sich die Gesetzgebungsverfahren miteinander vergleichen. Es treten Unterschiede, Gemeinsamkeiten und Auffälligkeiten zutage, die sonst unbemerkt bleiben. Im Brennglas der Krise werden die Strukturen der Gesetzgebungsverfahren im Bund erkennbar. Die Zuspitzung der politischen Prozesse in der Pandemie fördert zutage, was sonst verborgen bleibt. Abbilden lässt sich dabei nicht die Ausnahme von der Normalität,[2] sondern eine Normalität unter besonderen Umständen. Die Untersuchung der Verfahren der Gesetzgebung in der Pandemie bietet damit einen Beitrag zum Verständnis der Staatspraxis unter dem Grundgesetz.

Wenn von „Gesetzgebungsverfahren" gesprochen wird, können unterschiedliche Verfahren gemeint sein:[3] Bundestag, Bundesrat, Bundesregierung und

---

[*] Ich danke Anna Katharina Mangold, Anna-Lena Hollo, Benedikt Huggins, Lasse Ramson und Chris Ambrosi für hilfreiche Anregungen und Kritik. Das Manuskript wurde im Januar 2023 abgeschlossen.

1 Hervorstechen als Medien der Verfassungsblog sowie die FAZ.
2 Wirkmächtig *Volkmann*, Der Ausnahmezustand, Verfassungsblog (20.03.2020); klar dagegen *Kersten/Rixen*, Der Verfassungsstaat in der Pandemie (2. Aufl. 2021), S. 40–45: „Das Grundgesetz gilt – auch und gerade in der Pandemie." Ähnlich *Mangold*, Relationale Freiheit, VVDStRL 80 (2021), S. 7 (10).
3 Der Beitrag folgt der Trennung von *Reimers*, Verfahrenstheorie des Organisationsverfassungsrechts, in: Krüper/Pilniok (Hrsg.), Organisationsverfassungsrecht (2019), S. 85 ff.

Bundespräsident führen ein *gemeinsames* Gesetzgebungsverfahren durch. Darüber hinaus betreibt jedes Organ ein *eigenes*, gewissermaßen internes Verfahren – zum Beispiel das Verfahren des Bundestages. Das Grundgesetz enthält überwiegend Vorgaben für das gemeinsame Verfahren der Organe – schwerpunktmäßig Beteiligungsrechte –, die in der Pandemie im Normbestand unverändert blieben[4] und gewahrt wurden. Die internen Verfahren sind hingegen hauptsächlich Gegenstand der Selbstorganisation[5] und unterliegen dem jeweiligen Geschäftsordnungsrecht, von welchem die Organe in der Pandemie immer wieder abwichen oder welches sie an die Bedingungen der Pandemie anpassten.[6]

Als *verfassungsrechtlich formalisiertes* Verfahren wird hier jenes Gesetzgebungsverfahren bezeichnet, das in Art. 76–82 GG geregelt ist. Es umfasst die verfassungsrechtlich vorgesehenen Schritte von der Einbringung einer Gesetzesvorlage (Art. 76 GG) über die Behandlung im Bundestag und im Bundesrat sowie die Ausfertigung des Gesetzes durch den Bundespräsidenten und ihre Gegenzeichnung durch die Bundesregierung bis hin zur Verkündung im Bundesgesetzblatt. Neben das *verfassungsrechtlich formalisierte Verfahren* treten informelle Abstimmungen und Verhandlungen, die als Teil des *informellen Gesetzgebungsverfahrens* bezeichnet werden können. Die informellen Verfahren sind hingegen gerade nicht in der Verfassung kodifiziert. Sie sind den formalisierten Verfahren häufig vorgelagert oder finden parallel statt. Sie unterlaufen damit die Auftrennung des Gesetzgebungsverfahrens aus der Perspektive der

---

4   Anders im Landesverfassungsrecht, bspw. führte das Land Schleswig-Holstein einen Notausschuss per Verfassungsänderung ein: Art. 22a LVerf SH, dazu *Lenz/Kunkel*, Notparlament in die Verfassung, Verfassungsblog (04.01.2021); *Brüning*, Was wirklich nottut, NVwZ 2021, S. 272–275 und *Becker*, Parlamentsorganisation in der Pandemie, NVwZ 2021, S. 617–619. Zur Notwendigkeit einer Verfassungsänderung auf Bundesebene zur Ermöglichung digitaler Ausschusssitzungen, vgl. *Lenz/Schulte*, Sitzungen des Bundestags per Videokonferenz, NVwZ 2021, S. 744–749.

5   Auch das Bundesverfassungsgericht leitete bisher nur wenige Vorgaben aus der Verfassung ab. Vgl. nun aber BVerfG, B. v. 24.01.2023 – 2 BvF 2/18 – Parteienfinanzierung (Absolute Obergrenze), in der das Gericht aufwendig aus dem Grundsatz der Parlamentsöffentlichkeit (Art. 42 Abs. 1 GG) die Vorgabe ableitet, „Entscheidung[en] von erheblicher Tragweite" in einem Verfahren zu treffen, dass öffentliche Meinungsbildung und Deliberation zulässt (Rn. 90–103, isb. Rn. 94). Die Frage der formellen Verfassungsmäßigkeit des in wenigen Tagen durchgeführten Verfahrens (Rn. 13, 22–29) aber letztendlich offenlässt (Rn. 103).

6   Vgl. *Kersten/Rixen*, Parlamente in der Pandemie, ZParl 2021, S. 895–913; *Kersten/Rixen*, Der Verfassungsstaat in der Corona-Krise (2. Aufl. 2021), S. 220–226.

Verfahrenstheorie in die Verfahren der einzelnen Organe.[7] Wie sich zeigen wird, prägen die informell ausgehandelten Kompromisse den Ablauf und die Ausgestaltung der verfassungsrechtlich formalisierten Verfahren.

Seit Beginn der Corona-Pandemie haben mehrere hundert Gesetze das verfassungsrechtlich formalisierte Gesetzgebungsverfahren des Bundes durchlaufen.[8] Die hier vorgenommene Untersuchung beschränkt sich auf jene neunzehn Gesetzgebungsverfahren, die seit Beginn der Pandemie im März 2020 bis Dezember 2023 durchgeführt worden sind, das Infektionsschutzgesetz änderten und dabei einen Pandemiebezug aufwiesen.[9]

Diese Gesetzgebungsverfahren werden analysiert, indem ihre Geschwindigkeit empirisch untersucht wird und eine Beschleunigung der Gesetzgebungsverfahren festgestellt wird, deren Gründe nachgezeichnet werden (unter B.). Deutlich zutage tritt hier die Existenz *informeller* Verfahren, die die Untersuchung exemplarisch thematisiert anhand der koordinierenden Rolle der Bundesregierung (unter C.) sowie der notariellen Rolle des Bundesrates (unter D.).

B. Die Beschleunigung der Gesetzgebungsverfahren in der Pandemie

Die Verfahren der Gesetzgebung in der Pandemie sind vielfach als beschleunigt[10] wahrgenommen worden. Der folgende Abschnitt untersucht die Verfahrensgeschwindigkeit der Gesetzgebung in der Pandemie und setzt sie ins Verhältnis zur Dauer anderer Gesetzgebungsverfahren (unter I.). Zu einer Beschleunigung der Gesetzgebungsverfahren im Bund trägt die Praxis der Omnibus-Verfahren bei (unter II.). Für die Verkürzung der Gesetzgebungsverfahren während der Pandemie lassen sich zwei wesentliche Gründe identifizieren (unter III.).

---

7   Beispielsweise der Austausch zwischen den Regierungsfraktionen im Deutschen Bundestag und der Bundesregierung.

8   203 Gesetze sind allein im Jahr 2021 vom Deutschen Bundestag verabschiedet worden, vgl. https://www.bundestag.de/dokumente/textarchiv/2022/kw06-jahresstatistik-2021-879640.

9   Eine Übersicht über die Gesetzgebungsverfahren findet sich auf S. 116–121 dieses Beitrags.

10 Neben die quantitativ messbare Verkürzung der Gesetzgebungsverfahren tritt auch eine qualitative Beschleunigung, die vor der Pandemie *Rosa*, Beschleunigung (2005), beschrieb. Diese qualitative, nicht zeitliche Perspektive auf die Pandemiepolitik ist bisher auch in den Sozialwissenschaften wenig entfaltet, vgl. *Görtler*, Politik unter Zeitdruck, Gesellschaft. Wirtschaft. Politik 3/2022, S. 311–322.

I. Empirische Bestandsaufnahme

Im Zeitraum von März 2020 bis Dezember 2022 sind neunzehn Gesetzgebungsverfahren zur Änderung des Infektionsschutzgesetzes mit Pandemiebezug[11] erfolgreich abgeschlossen worden:

Nr.	Name des Gesetzes	Datum der Einbringung der Vorlage in das formalisierte Gesetzgebungsverfahren	Datum der Verkündung des Gesetzes im Bundesgesetzblatt	Dauer des formalisierten Gesetzgebungsverfahrens in Tagen[12]
1	Gesetz zum Schutz der Bevölkerung bei einer epidemischen Lage von nationaler Tragweite v. 27.03.2020	Montag, der 23.03.2020 (BT-Drs. 19/18111)	Freitag, der 27.03.2020 (BGBl. I 587)	4
2	Zweites Gesetz zum Schutz der Bevölkerung bei einer epidemischen Lage von nationaler Tragweite v. 19.05.2020	Dienstag, der 05.05.2020 (BT-Drs. 19/18967)	Freitag, der 22.05.2020 (BGBl. I 1018)	17

---

11 Darüber hinaus ist das IfSG seit März 2020 durch folgende Gesetze geändert worden: Masernschutzgesetz v. 10.02.2020 (BGBl. I 148); Elfte Zuständigkeitsanpassungsverordnung v. 16.06.2020 (BGBl. I 1328); Viertes Gesetz zur Änderung des Lebensmittel- und Futtermittelgesetzbuches sowie anderer Vorschriften v. 27.07.2021 (BGBl. I 3274); Gesetz zum Erlass eines Tierarzneimittelgesetzes und zur Anpassung arzneimittelrechtlicher und anderer Vorschriften v. 27.09.2021 (BGBl. I 4530); Gesetz zur Aktualisierung der Strukturreform des Gebührenrechts des Bundes v. 18.06.2016 (BGBl. I 1666 – Änderung durch Art. 4 Abs. 20, der gem. Art. 7 Abs. 3 am 01.10.2021 in Kraft trat); Pflegebonusgesetz v. 28.06.2022 (BGBl. I 938). Diese Änderungen des Infektionsschutzgesetzes hatten aber inhaltlich keinen Bezug zur Pandemiebekämpfung. Das Gesetzgebungsverfahren zur Einführung einer allgemeinen Impfpflicht und Änderung des IfSG im April 2022 war darüber hinaus nicht erfolgreich.

12 Das verfassungsrechtlich formalisierte Verfahren beginnt gem. Art. 76 Abs. 1, 2 oder 3 GG durch die Einbringung einer Gesetzesvorlage. Es endet gem. Art. 82 Abs. 1 S. 1 GG mit der Verkündung im Bundesgesetzblatt.

Nr.	Name des Gesetzes	Datum der Einbringung der Vorlage in das formalisierte Gesetzgebungsverfahren	Datum der Verkündung des Gesetzes im Bundesgesetzblatt	Dauer des formalisierten Gesetzgebungsverfahrens in Tagen[12]
3	Corona-Steuerhilfegesetz v. 19.06.2020	Dienstag, der 12.05.2020 (BT-Drs. 19/19150)	Freitag, der 19.06.2020 (BGBl. I 1385)	48
4	Drittes Gesetz zum Schutz der Bevölkerung bei einer epidemischen Lage von nationaler Tragweite v. 18.11.2020	Dienstag, der 03.11.2020 (BT-Drs. 19/23944)[13]	Mittwoch, der 18.11.2020 (BGBl. I 2397)	15
5	Gesetz über eine einmalige Sonderzahlung aus Anlass der COVID-19-Pandemie an Besoldungs- und Wehrsoldempfänger v. 21.12.2020	Donnerstag, der 05.11.2020 (BRat-Drs. 675/20)	Montag, der 28.12.2020 (BGBl. I 3136)	53
6	Gesetz zur Fortgeltung der die epidemische Lage von nationaler Tragweite betreffenden Regelungen v. 29.03.2021	Dienstag, der 09.02.2021 (BT-Drs. 19/26545)	Dienstag, der 30.03.2021 (BGBl. I 370)	49

---

13 Vgl. aber die Gesetzesvorlage der Bundesregierung vom 29.10.2020, BRat-Drs. 645/20, die aufgrund des Drucks aus der Rechtsprechung von der hier angegebenen Vorlage überholt wurde. Zur Technik der Paralleleinbringung vgl. *Schneider*, in diesem Band.

Nr.	Name des Gesetzes	Datum der Einbringung der Vorlage in das formalisierte Gesetzgebungsverfahren	Datum der Verkündung des Gesetzes im Bundesgesetzblatt	Dauer des formalisierten Gesetzgebungsverfahrens in Tagen[12]
7	Viertes Gesetz zum Schutz der Bevölkerung bei einer epidemischen Lage von nationaler Tragweite v. 22.04.2021	Donnerstag, der 22.04.2021 (BT-Drs. 19/28444)	Donnerstag, der 22.04.2021 (BGBl. I 802)	9
8	Gesetz zur Verbesserung des Schutzes von Gerichtsvollziehern vor Gewalt sowie zur Änderung weiterer zwangsvollstreckungsrechtlicher Vorschriften und zur Änderung des Infektionsschutzgesetzes v. 07.05.2021	Freitag. der 22.01.2021 (BRat-Drs. 62/21)	Freitag, der 07.05.2021 (BGBl. I 850)	105
9	Zweites Gesetz zur Änderung des Infektionsschutzgesetzes und weiterer Gesetze v. 28.05.2021	Dienstag, der 04.05.2021 (BT-Drs. 19/29287)	Montag, der 31.05.2021 (BGBl. I 1174)	27
10	Gesetz zur Vereinheitlichung des Stiftungsrechts und zur Änderung des Infektionsschutzgesetzes v. 16.07.2021	Freitag, der 12.02.2021 (BR-Drs. 143/21)	Donnerstag, der 22.07.2021 (BGBl. I 2947)	160
11	Aufbauhilfegesetz 2021 v. 10.09.2021	Freitag, der 20.08.2021 (BT-Drs. 19/32039)	Dienstag, der 14.09.2021 (BGBl. I 4147)	25

Nr.	Name des Gesetzes	Datum der Einbringung der Vorlage in das formalisierte Gesetzgebungsverfahren	Datum der Verkündung des Gesetzes im Bundesgesetzblatt	Dauer des formalisierten Gesetzgebungsverfahrens in Tagen[12]
12	Gesetz zur Änderung des Infektionsschutzgesetzes und weiterer Gesetze anlässlich der Aufhebung der Feststellung der epidemischen Lage von nationaler Tragweite v. 22.11.2021	Montag, der 08.11.2021 (BT-Drs. 20/15)	Dienstag, der 23.11.2021 (BGBl. I 4906)	15
13	Gesetz zur Stärkung der Impfprävention gegen COVID-19 und zur Änderung weiterer Vorschriften im Zusammenhang mit der COVID-19-Pandemie v. 10.12.2021	Montag, der 06.12.2021 (BT-Drs. 20/188)	Samstag, der 11.12.2021 (BGBl. I 5162)	5
14	Gesetz zur Änderung des Infektionsschutzgesetzes und anderer Vorschriften v. 18.03.2022	Donnerstag, der 10.03.2022 (BT-Drs. 20/958)	Freitag, der 18.03.2022 (BGBl. I 466)	8
15	Gesetz zur Verlängerung des Sozialdienstleister-Einsatzgesetzes und weiterer Regelungen v. 18.03.2022	Donnerstag, der 10.03.2022 (BT-Drs. 20/959)	Freitag, der 18.03.2022 (BGBl. I 473)	8

Nr.	Name des Gesetzes	Datum der Ein-bringung der Vorlage in das formalisierte Gesetzgebungs-verfahren	Datum der Verkün-dung des Gesetzes im Bundes-gesetzblatt	Dauer des formalisierten Gesetzge-bungsverfah-rens in Tagen[12]
16	Gesetz zur Stärkung des Schutzes der Bevölkerung und insbesondere vulne-rabler Personengrup-pen vor COVID-19 v. 16.09.2022	Dienstag, der 05.07.2022 (BT-Drs. 20/2573)	Freitag, der 16.09.2022 (BGBl. I 1454)	73
17	Gesetz zum Entwurf eines Beschlusses des Rates über die Feststellung des Verstoßes gegen res-triktive Maßnahmen der Union als einen die Kriterien nach Artikel 83 Absatz 1 des Vertrags über die Arbeitsweise der Europäischen Union erfüllenden Krimina-litätsbereich und zur Änderung des Infek-tionsschutzgesetzes v. 13.10.2022	Freitag, der 15.07.2022 (BRat-Drs. 333/22)	Diens-tag, der 18.10.2022 (BGBl. II 539)	95
18	Zweites Gesetz zur Änderung des Infek-tionsschutzgesetzes v. 08.12.2022[14]	Freitag, der 26.08.2022 (BRat-Drs. 410/22)	Diens-tag, der 13.12.2022 (BGBl. I 2235)	109

---

14 Das Gesetz soll den Triage-Beschluss des BVerfG umsetzen: BVerfG, B. v. 16.12.2021 – 1 BvR 1541/20, Benachteiligungsrisiken von Menschen mit Behinderung in der Triage.

Nr.	Name des Gesetzes	Datum der Einbringung der Vorlage in das formalisierte Gesetzgebungsverfahren	Datum der Verkündung des Gesetzes im Bundesgesetzblatt	Dauer des formalisierten Gesetzgebungsverfahrens in Tagen[12]
19	Gesetz zur Einführung von Preisbremsen für leitungsgebundenes Erdgas und Wärme und zur Änderung weiterer Vorschriften v. 20.12.2022	29.11.2022 (BT-Drs. 20/4683)	23.12.2022 (BGBl. I 2560)	32

Das verfassungsrechtlich *formalisierte Gesetzgebungsverfahren* für diese Gesetzesänderungen dauerte im Schnitt knapp 42 Tage, etwa anderthalb Monate.[15] Es existiert keine aktuelle Statistik über die Dauer der Gesetzgebungsverfahren im Bund. In der Legislaturperiode von 2013 bis 2017 dauerten die Gesetzgebungsverfahren im Schnitt 137 Tage, etwa viereinhalb Monate.[16] Die Änderungen des Infektionsschutzgesetzes in der Pandemie benötigten im Vergleich also nur ein Drittel der sonst üblichen Zeit.

Von den neunzehn Verfahren sind jedoch sieben Verfahren als klassische Omnibusverfahren[17] durchgeführt worden, in welchen die Änderungen des Infektionsschutzgesetzes erst nach Beginn eines formalisierten Verfahrens zur Änderung eines anderen Gesetzes eingeführt wurden.[18] Diese Verfahren

---

15 Eigene Berechnung auf Basis der Daten im Dokumentations- und Informationssystem für Parlamentsmaterialien (DIP).

16 137 Tage: *Karow,* Das beschleunigte Parlament, Mitteilungen des Instituts für Deutsches und Internationales Parteienrecht und Parteienforschung (2018), Nr. 1 S. 64 (67), dort sind auch (ähnliche) Zahlen für frühere Wahlperioden verzeichnet; vgl. auch *Karow/Bukow,* Demokratie unter Zeitdruck? ZParl 47 (2016), S. 69 (79) und *Reutter,* Struktur und Dauer der Gesetzgebungsverfahren des Bundes, ZParl 38 (2007), S. 299 (309).

17 Zum Begriff unter B. II.

18 Zur Praxis sogleich unter B. II. Das betrifft folgende Verfahren:
G. v. 19.06.2020 (BGBl. I 1385), Änderung des IfSG (Entschädigungsanspruch auch bei Absonderung erwachsener Kinder), eingeführt durch BT-Drs. 19/19601 v. 27.05.2020.

verfälschen die Statistik: Lässt man sie unberücksichtigt, bleibt eine durchschnittliche Verfahrensdauer von ungefähr drei Wochen. Die kürzesten Verfahren dauerten sogar nur vier[19] beziehungsweise fünf Tage.[20]

Die formalisierten Verfahren zur Änderung des Infektionsschutzgesetzes, also die Veränderung der Rechtsgrundlagen der Pandemiebekämpfung, sind während der Pandemie insgesamt deutlich schneller abgelaufen, als es in der Staatspraxis üblich ist. Versteht man Beschleunigung als Verkürzung der Dauer der verfassungsrechtlich formalisierten Verfahren, lassen sich die Gesetzgebungsverfahren in der Pandemie als beschleunigt bezeichnen.

Infolge dieser Beschleunigung blieb der Öffentlichkeit und den Gesetzgebungsorganen oft nur wenig Zeit für öffentliche Deliberation während des

---

G v. 21.12.2020 (BGBl. I 3136), Änderungen des IfSG (Entschädigungsanspruch bei Schulschließung), eingeführt durch BT-Drs. 19/25323 v. 16.12.2020.

G. v. 07.05.2021 (BGBl. I 850), Änderungen des IfSG (Ergänzung der Ermächtigung zum Erlass der Schutzmaßnahmen-Ausnahmenverordnung, § 28c), eingeführt durch BT-Drs. 19/29246 v. 04.05.2021.

G. v. 16.07.2021 (BGBl. I 2947), Änderungen des IfSG (Verlängerung der Geltung der Einreisemaßnahmen nach Ende einer epidemischen Lage), eingeführt durch BT-Drs. 19/31118 v. 23.06.2021.

G. v. 14.09.2021 (BGBl. I 4147), Änderungen des IfSG (Ablösung des Richtwerts der Sieben-Tages-Inzidenz) eingeführt durch BT-Drs. 19/32039 v. 03.09.2021.

G. v. 13.10.2022 (BGBl. II 539), Änderungen des IfSG (Aufhebung des gesetzlichen Tätigkeitsverbots von infizierten Personen in Gemeinschaftseinrichtungen) eingeführt durch BT-Drs. 20/3741 v. 28.09.2022.

G. v. 20.12.2022 (BGBl. I 2560); Änderungen des IfSG (Grippeschutzimpfungen durch Apotheker) eingeführt durch BT-Drs. 20/4911 v. 14.12.2022.

19 Gesetz zum Schutz der Bevölkerung bei einer epidemischen Lage von nationaler Tragweite v. 27.03.2020 (BGBl. 587): Einbringung in den Deutschen Bundestag am Dienstag, den 24.03.2020 durch BT-Drs. 19/18111, 1., 2. und 3. Beratung im Deutschen Bundestag am Mittwoch, den 25.03.2020, Zustimmung im Bundesrat am Freitag, den 27.03.2020 und Ausfertigung am selben Tag.

20 Gesetz zur Stärkung der Impfprävention gegen COVID-19 und zur Änderung weiterer Vorschriften im Zusammenhang mit der COVID-19-Pandemie v. 10.12.2021 (BGBl. I 5162): Einbringung in den Deutschen Bundestag am Montag, den 06.12.2021 durch BT-Drs. 20/188, 1. Beratung im Deutschen Bundestag am Dienstag, den 07.12.2021, Öffentliche Anhörung des Gesundheitsausschusses am Mittwoch, den 08.12.2020, Beschlussempfehlung des Gesundheitsausschusses am Donnerstag, den 09.12.2021 (BT-Drs. 20/250), 2. und 3. Beratung im Deutschen Bundestag am Freitag, den 10.12.2021, Zustimmung des Bundesrates und Ausfertigung des Bundespräsidenten am selben Tag.

Durchschnittliche Dauer der formalisierten
Gesetzgebungsverfahren in Tagen (Einbringung der
Gesetzesvorlage bis Verkündung im BGBl.)

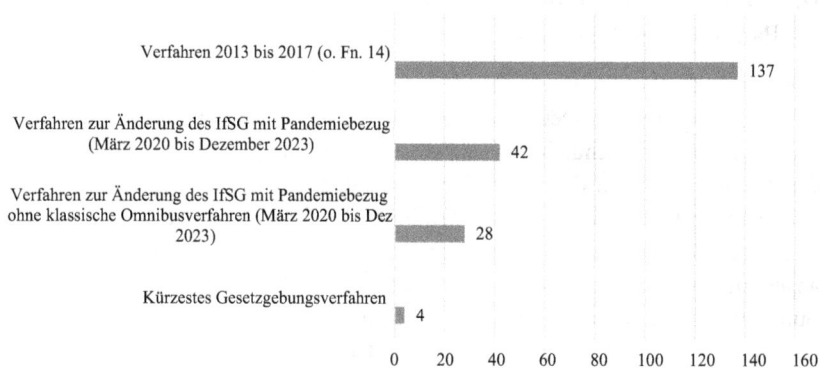

Abbildung 1: Statistik zur Dauer der Gesetzgebungsverfahren zur Änderung des IfSG
in der Pandemie

formalisierten Verfahrens.[21] Trotz der immensen Schnelligkeit war allerdings
Raum für parlamentarische Debatten und Beratung durch Sachverständige in
den Ausschussanhörungen, deren Bedingungen und Auswirkungen auf die
Gesetzgebung in der Pandemie eine eigene Untersuchung verdienen.

Die Verkürzung der Gesetzgebungsverfahren in Krisenzeiten ist kein
neues Phänomen. Sie ist zum Beispiel für die Terrorismusbekämpfung und
die Eurorettung beschrieben worden.[22] So benötigte beispielsweise das

---

21 Auf die verfassungsrechtliche Bedeutung der Möglichkeit zur öffentlichen Meinungs-
    bildung während des formalisierten Gesetzgebungsverfahrens weist das BVerfG,
    Beschl. v. 24.01.2023, 2 BvF 2/18 – Parteienfinanzierung (Absolute Obergrenze),
    Rn. 94 nun pointiert hin, allerdings in einem Verfahren ohne Pandemiebezug. In den
    für die Gesetzgebung der Pandemie zentralen Verfahren zur Bundesnotbremse vor
    dem Bundesverfassungsgericht war nur die unterbliebene Zustimmung des Bundes-
    rates gerügt worden und vom Bundesverfassungsgericht untersucht worden (BVerfG,
    Beschl. v. 19.11.2021, 1 BvR 781/21 u. a. – Bundesnotbremse I, Rn. 17, 117–133 und
    BVerfG, Beschl. v. 19.11.2021, 1 BvR 971/21 u. a. – Bundesnotbremse II, Rn. 77–106),
    nicht aber der Ablauf des Gesetzgebungsverfahrens.
22 Vgl. z. B. aus der Rechtswissenschaft *Schwerdtfeger*, Krisengesetzgebung (2018),
    S. 27–36.

Finanzmarktstabilisierungsgesetz im Jahr 2008 nur vier Tage im verfassungsrechtlich formalisierten Verfahren.[23]

II. Das Omnibusverfahren in der Praxis der Pandemiegesetzgebung

Die Praxis der sogenannten Omnibusverfahren[24] hat zur Beschleunigung der Gesetzgebung in der Pandemie beigetragen. In solchen Verfahren wird eine bereits in das verfassungsrechtlich formalisierte Gesetzgebungsverfahren eingebrachte Gesetzesvorlage durch den Deutschen Bundestag wesentlich ergänzt oder geändert. Dazu bringen die Regierungsfraktionen im federführenden Ausschuss des Deutschen Bundestages einen Änderungsantrag ein. Dieser wird vom Ausschuss angenommen und in der Beschlussempfehlung des Ausschusses dem Deutschen Bundestag zur Änderung empfohlen,[25] den der Deutsche Bundestag in der Zweiten Lesung des Gesetzes annimmt und als Gesetzesvorlage in der Dritten Lesung in dieser geänderten Form beschließt.[26]

Während der Corona-Pandemie waren zwei unterschiedliche Varianten des Omnibusverfahrens zu beobachten. In der ersten Variante wurde ein Artikelgesetz zu einer anderen Materie ergänzt um Artikel mit Änderungen des Infektionsschutzgesetzes. Diese Variante wird im Folgenden als „klassische" Variante des Omnibusverfahrens bezeichnet. Sie ist von den Gesetzgebungsorganen beispielsweise im Sommer 2021 genutzt worden, als ein Gesetz zur Bewältigung der Folgen der Flutkatastrophe an der Ahr um Änderungen des Infektionsschutzgesetzes ergänzt wurde.[27] Ein anderes Beispiel findet sich im Oktober 2022, als ein Gesetz im Zusammenhang mit dem Sanktionsstrafrecht der Europäischen Union kurzfristig ergänzt wurde um eine Änderung des Infektionsschutzgesetzes.[28]

---

23 Beschreibung des Verfahrens bei *Schwerdtfeger*, Krisengesetzgebung (2018), S. 29 f.

24 Auch als „aufsatteln" (vgl. Fn. 250) oder „Huckepackverfahren" bezeichnet.

25 Zur Erklärung vgl. auch *Schneider*, in diesem Band.

26 So z. B. beim Verfahren zum Aufbauhilfegesetz 2021 (Fn. 245): vgl. BT-Plenarprotokoll 19/239 (07.09.2021), S. 31164 und S. 31174.

27 G. v. 10.09.2021 (BGBl. I 4147), Änderungen des IfSG eingebracht durch Beschlussempfehlung des Haushaltsausschusses v. 03.09.2021 (BT-Drs. 19/32275). Inhalt der Änderungen war die Konkretisierung der Ermächtigung zur Vorlage von Testnachweisen (§ 28a Abs. 1 IfSG) sowie die Abkehr von der Sieben-Tages-Inzidenz von 35 bzw. 50 als Leitbild der Bekämpfung (§ 28a Abs. 3 IfSG).

28 G. v. 13.10.2022 (BGBl. II 539), Änderungen des IfSG eingebracht durch Beschlussempfehlung des Ausschusses für Angelegenheiten der Europäischen Union v. 28.09.2022 (BT-Drs. 20/3741). Inhalt der Änderung des Infektionsschutzgesetzes

Als andere, nicht klassische Erscheinungsform des Omnibusverfahrens gesellte sich dazu die Einbringung eines Rumpfgesetz zur Änderung des Infektionsschutzgesetzes in den Deutschen Bundestag. Die politisch umstrittensten Gegenstände der Gesetzgebung wurden dann später durch Änderungsanträge der Regierungsfraktionen in den federführenden Ausschuss eingebracht. Anschauung liefert das Gesetzgebungsverfahren zur Vorbereitung der Pandemiebekämpfung im Winter 2022: Eingebracht wurde eine Gesetzesvorlage durch die Koalitionsfraktionen am 5. Juli 2022.[29] Die Vorlage enthielt jedoch keinerlei Änderungen an den für die Pandemiebekämpfung zentralen § 28, § 28a und § 28b IfSG. Diese wurden im Kern erst durch die Koalitionsfraktionen am 28. August 2022 als Änderungsanträge in den Gesundheitsausschuss eingebracht,[30] einen Tag vor der öffentlichen Anhörung im Gesundheitsausschuss und eine gute Woche vor der abschließenden Behandlung im Deutschen Bundestag.[31] Die zentrale Gesetzesänderung wurde also erst Gegenstand des formalisierten Verfahrens nach seinem Beginn. Vorher ging eine Einbringung einer inhaltsarmen Gesetzesvorlage – dem Rumpfgesetz.

Das Omnibusverfahren ist in beiden Varianten verfassungsgemäß,[32] denn die Entscheidung für diese Verfahren liegt aus der Perspektive des Verfassungsrechts im Rahmen des Selbstorganisationsrechts des Bundestages. Die Einordnung von Verfahren als „Omnibusverfahren" ist aus rechtswissenschaftlicher Sicht daher nur von heuristischer Bedeutung. Insbesondere ist der Übergang des Omnibusverfahrens in der Variante der Einbringung eines Rumpfgesetzes nur schwer zu unterscheiden von den regelhaften Veränderungen einer Gesetzesvorlage durch die federführenden Ausschüsse im Rahmen der Beratungen des Deutschen Bundestages.

Der Grund für die Durchführung eines Omnibusverfahrens liegt in erster Linie darin, Zeit zu sparen. Der Omnibus befindet sich bereits in den

---

war die Streichung des gesetzlichen Tätigkeitsverbots in Gemeinschaftseinrichtungen bei COVID-19-Erkrankung in § 34 IfSG.

29 BT-Drs. 20/2573.

30 BT-Ausschussdrs. 20(14)50.

31 Am 8. September 2022, vgl. BT-Plenarprotokoll 20/51, S. 5485.

32 A. a. zur klassischen Variante wohl *Winkelmann*, § 23 Parlamentarische Ausschussarbeit, in: Morlok/Schliesky/Wiefelspütz (Hrsg.), Parlamentsrecht (2016), Rn. 71; *Frenzel*, Das Gesetzgebungsverfahren, JuS 2010, S. 119 (121); *Dach*, Das Ausschußverfahren nach der Geschäftsordnung und in der Praxis, in: Schneider/Zeh, Parlamentsrecht und Parlamentspraxis in der Bundesrepublik Deutschland (1989), Rn. 71; dort jeweils als „aufsatteln".

Ausschussberatungen, sodass keine Überweisung der Vorlage in einen Ausschuss durch das Bundestagsplenum mehr notwendig ist. Dabei ermöglicht das Omnibusverfahren trotz des Zeitgewinnes immerhin noch eine Beratung und Entscheidungsfindung in den Ausschüssen des Bundestages.

Drei Folgen ergeben sich aus dem Omnibusverfahren für die parlamentarische Praxis. Erstens kann ein Omnibusverfahren zu weiterer Verkürzung der Debatte innerhalb des Parlaments und in der Öffentlichkeit führen sowie eine weitere Verlagerung der Kompromissfindung in informelle Verfahren bedeuten. Mit dem Omnibusverfahren kann zweitens eine Entleerung der beratenden Funktion der öffentlichen Anhörung im Rahmen der Ausschussberatungen des Deutschen Bundestages einhergehen. Verbände und Sachverständige können aufgrund der nicht oder nur sehr kurzfristig zur Verfügung gestellten Änderungsanträge ihre beratende Funktion kaum adäquat wahrnehmen.[33]

Eine mögliche dritte Folge kann darüber hinaus die politische Verknüpfung zweier Materien in einer Abstimmung sein:[34] In der Schlussabstimmung des Aufbauhilfegesetzes 2021 stimmten beispielsweise die Abgeordneten des Deutschen Bundestages nicht nur über Hilfen zum Wiederaufbau des Ahrtals ab, sondern änderten auch das Infektionsschutzgesetz.[35] Einen Schutz bieten hier jedoch die parlamentarische Praxis und die Geschäftsordnung des Deutschen Bundestages, die in § 81 Abs. 2 GO BT in der zweiten Lesung grundsätzlich über jede selbstständige Bestimmung eine eigene Abstimmung vorsieht.[36] So wurde die vom Ausschuss vorgeschlagene Aufnahme der Änderungen des Infektionsschutzgesetzes ins Aufbauhilfegesetz 2021[37] in der zweiten Lesung im Deutschen Bundestag diskutiert.[38] Über die das Infektionsschutzgesetz betreffenden

---

33 Vgl. z. B. die Kritik von *Kingreen*, BT-Ausschussdrs. 19(14)323(19) v. 16.04.2021.

34 Eine in ihren politischen Wirkungen weitergehende Verknüpfung von Vertrauensfrage nach Art. 68 GG mit einer Gesetzesvorlage wird in der Rechtswissenschaft überwiegend für unproblematisch gehalten, vgl. nur *Hermes*, in: Dreier (Hrsg.), GG (3. Aufl.), Bd. 2 (2015), Art. 68 Rn. 19. Eine entsprechende Situation war bisher nicht Gegenstand der Rechtsprechung des Bundesverfassungsgerichts.

35 BT-Plenarprotokoll 19/239 (07.09.2021), S. 31174.

36 Hiervon kann nach § 81 Abs. 3 und 4 GO BT auf Beschluss des Bundestages abgewichen werden, zur Praxis knapp *Hadamek*, § 17 Die Gesetzesberatung im Bundestag und seinen Ausschüssen, in: Kluth/Krings (Hrsg.), Gesetzgebung (2014), S. 393 (412).

37 BT-Drs. 19/32275.

38 Zum IfSG sprachen Abgeordnete aller Fraktionen, vgl. BT-Plenarprotokoll 19/239 (07.09.2021), S. 31154–31164 – die Abgeordneten der Opposition oft mit Verfahrenskritik, vgl. Wolfgang Kubicki (FDP, S. 31152); Sven-Christian Kindler (BÜNDNIS

Änderungen wurde schließlich isoliert von den anderen Bestimmungen des Gesetzes in namentlicher Abstimmung entschieden.[39]

III. Die Gründe der Beschleunigung

Für die Beschleunigung der *formalisierten Gesetzgebungsverfahren* lassen sich verschiedene Gründe ausmachen. Dazu gehört die Reaktivität der Gesetzgebung (unter 1.). Die Befristung der Rechtsgrundlagen der Pandemiebekämpfung im Infektionsschutzgesetz verkürzte die Dauer der Gesetzgebungsverfahren hingegen nicht (unter 2.). Zur Beschleunigung beigetragen hat die Verlagerung der Entscheidungsfindung in informelle Verfahren (unter 3.).

1. Reaktivität der Gesetzgebung

Ein Grund für die hohe Geschwindigkeit der Gesetzgebungsverfahren zur Änderung des Infektionsschutzgesetzes in der Pandemie liegt in der Reaktivität der Gesetzgebung. Zu Beginn der Pandemie im Frühjahr 2020 enthielt das Infektionsschutzgesetz Rechtsgrundlagen für die *Verhinderung und Bekämpfung von übertragbaren Krankheiten.*[40] Der Schwerpunkt der Entwicklung des Seuchen- bzw. Infektionsschutzrechts lag seit Einführung des Bundesseuchengesetzes im Jahre 1961 auf der *Verhütung übertragbarer Krankheiten.*[41] Die Rechtsgrundlagen zur *Bekämpfung* übertragbarer Krankheiten wurden wenig genutzt[42] und

---

90/DIE GRÜNEN, S. 31154); Detlef Spangenberg (AfD, S. 31156); Oliver Krüscher (BÜNDNIS 90/DIE GRÜNEN, S. 31158).

39 Vgl. BT-Plenarprotokoll 19/239 (07.09.2021), S. 31164.

40 Die Trennung der Rechtsgrundlagen zur Verhütung übertragbarer Krankheiten von denen zur Bekämpfung übertragbarer Krankheiten wurde eingeführt durch das Bundesseuchengesetz v. 18.07.1961 (BGBl. I 1028) und später ins IfSG übernommen. Angestrebt wurde die Verhinderung der Entstehung übertragbarer Krankheiten (BT-Drs. 3/1888, S. 19), gewissermaßen eine Verlagerung der Maßnahmen ins „Gefahrenvorfeld".

41 BSeuchG v. 18.07.1961 (BGBl. I 1028) – Rechtsgrundlagen zur Verhütung von übertragbaren Krankheiten durch Überwachung von Trinkwasser, Lebensmittel und Abfall, für Schutzimpfungen sowie die Arbeit mit Lebensmitteln und mit Krankheitserregern, Begründung in BT-Drs. 3/1888, S. 18–33; Reform 1979 durch G. v. 18.12.1979 (BGBl. I 2248), Anpassung der Verhütungsvorschriften aufgrund der Erfahrungen in der Praxis (BT-Drs. 8/2468) sowie Neuordnung des Seuchenschutzrechtes durch Einführung des IfSG 2000 durch G. v. 20.07.2000 (BGBl. I 1045) – insb. Anpassung der Meldestrukturen, vgl. BT Drs. 14/2530.

42 Vgl. die interessante Zusammenstellung bei *Rixen*, Befugnisse und Grenzen des staatlichen Infektionsschutzrechts, in: Kloepfer (Hrsg.), Pandemien als Herausforderungen für die Rechtsordnung (2011), S. 67 (68 f.).

nicht hinreichend weiterentwickelt,[43] um den sich wandelnden Anforderungen aus der Verfassung an die Ausgestaltung von Rechtsgrundlagen für Grundrechtseingriffe Rechnung zu tragen.[44] So war beispielsweise zu Beginn der Pandemie zunächst nicht vollständig klar, welche Reichweite die Generalklausel zur Bekämpfung von übertragbaren Krankheiten in § 28 IfSG überhaupt hatte.[45] Das Gesetz musste so während der laufenden Pandemie immer wieder unter dem Eindruck einer bestimmten Situation angepasst werden, weshalb jeweils wieder schnell Folgeänderungen notwendig wurden. Die mit heißer Nadel gestrickten Rechtsänderungen waren oft lückenhaft oder hatten nicht intendierte Nebeneffekte. Dieses Phänomen der Eilgesetzgebung zeigt sich auch in der Energiekrise des Herbstes 2022 am Beispiel der Gasumlage wieder, die erst angekündigt und dann aufgrund ihrer absehbaren Effekte wieder zurückgenommen wurde.[46] Die schlechte Qualität der Eilgesetzgebung zur Pandemiebekämpfung machte ihrerseits immer wieder neue und schnelle Änderungen am Infektionsschutzgesetz notwendig.

Die Gesetzgebungsorgane nahmen sich während der Pandemie keine Zeit für eine grundlegende Überarbeitung bzw. Neuordnung der Rechtsgrundlagen.[47]

43 Vgl. *Rixen*, Verwaltungsrecht der vulnerablen Gesellschaft, VVDStRL 80 (2021), S. 37 (54); vgl. *Kloepfer*, Verfassungsschwächung durch Pandemiebekämpfung?, VerwArch (2021), S. 169 (181–184); *Gallon/Hollo/Kießling*; Epidemiegesetz (2023), S. 11–14; vgl. auch *Wißmann*, Sachverständige Stellungnahme, BT-Ausschussdrs. 19(14)246(12), S. 2 f. So war zu Anfang der Pandemie unklar, ob auch Maßnahmen gegen nichtstörende Personen von der Generalklausel des § 28 IfSG gedeckt seien, vgl. *Kießling*, Von der punktuellen Gefahrenabwehr zur planerischen Risikovorsorge im Infektionsschutzrecht, JZ 77 (2022), S. 53 (54 f.); *Gallon*, Die Handlungsform der kommunalen Epidemiebekämpfung, DÖV 2022, S. 857–864.
44 Einen Vorschlag für ein modernes Epidemiebekämpfungsrecht vor dem Hintergrund der Erfahrungen im Umgang mit der Corona-Pandemie: *Gallon/Hollo/Kießling*, Epidemiegesetz (2023).
45 Vgl. nur *Klafki*, Ausgangssperre bald auch in Deutschland?, JuWiss-Blog (18.03.2020); *Kingreen*, What-ever it Takes?, Verfassungsblog (20.03.2020); *Kießling*, Rechtssicherheit und Rechtsklarheit bei Ausgangssperren & Co?, JuWiss-Blog (24.03.2020).
46 Zum Hintergrund knapp *Sparfeld*, Gasumlage, UKuR 2022, S. 490 f. und *dies.*, Verstaatlichung von Uniper, UKuR 2022, S. 520 f.
47 Kritisch zum „Urlaub von Corona" im ersten Sommer (2020) der Pandemie *Kersten/Rixen*, Der Verfassungsstaat in der Corona-Krise (2. Aufl. 2021), S. 29 f.; Vgl. auch LVerfG LSA, Urt. v. 26.03.2021 – LVG 25/20, Rn. 65 mit der Folge, dass aufgrund fehlender einfachgesetzlicher Konkretisierung der Rechtsgrundlagen die Rechtsverordnungen der Landesregierung im Herbst 2020 verfassungswidrig waren; bereits für den Sommer 2020 eine verfassungsrechtliche Pflicht zur Änderung annehmend

Der auf den Erreger SARS-CoV-2 zugeschnittene und in der Pandemie entwickelte § 28a IfSG ist ohne Kenntnis der Geschichte der Corona-Pandemie und der Entwicklung des Paragrafen kaum mehr zu entschlüsseln.

Die Gesetzgebungsorgane des Bundes reagierten auch auf äußere Umstände wie Rechtsprechung, politischen Handlungsdruck oder das Pandemiegeschehen, die ein schnelles Verfahren erforderten. Ein Beispiel ist der Impuls aus der Rechtsprechung zu Beginn der zweiten Infektionswelle im Oktober 2020, als die Landesregierungen wieder schärfere Maßnahmen erließen:[48] Der VGH München entschied, „dass die Voraussetzungen einer ausreichenden gesetzlichen Verordnungsermächtigung demnächst geschaffen werden" müssten.[49] Auf Druck der Gerichte wurde innerhalb von zwei Wochen ein neues Gesetzgebungsverfahren durchgeführt[50] und der Versuch unternommen, hinreichend bestimmte Rechtsgrundlagen[51] für die Epidemiebekämpfung der Länder im Infektionsschutzgesetz

---

Fährmann/Aden/Bosch, Exekutive in der Pandemie, in: Lange (Hrsg.), Politik zwischen Macht und Ohnmacht (2022), S. 93 (102). Der zweite Sommer der Pandemie (2021) war neben der parlamentarischen Sommerpause zusätzlich von der Vorbereitung auf die Bundestagswahl 2021 geprägt.

48 Zur Geschichte der Pandemiebekämpfung knapp *Kingreen*, Kap. 1 Grundlagen des deutschen Infektionsschutzrechts, in: Huster/Kingreen (Hrsg.), Handbuch Infektionsschutzrecht (2. Aufl. 2022), Rn. 33–36; zu den Umständen des Wellenbrecher-Lockdowns Ende Oktober 2020 *Gallon/Mangold*, Rechtsstaatliche Immunabwehr, Verfassungsblog (31.10.2020).

49 VGH München, Beschl. v. 29.10.2020 – 20 NE 20.2360, Rn. 37; dazu *Kießling*, Was verlangen Parlamentsvorbehalt und Bestimmtheitsgebot?, Verfassungsblog (04.11.2020); an den VGH München anschließend VGH Mannheim, Beschl. v. 05.11.2020 – 1 S 3405/20, Rn. 24 (juris) sowie OVG Thüringen, Beschl. v. 08.11.2020 – 3 EN 725/20, Rn. 95 (juris) und OVG Sachsen, Beschl. v. 11.11.2020 – 3 B/357/20, Rn. 22–26 (juris), mit bemerkenswerten Hinweisen auf das zu dem Zeitpunkt laufende Gesetzgebungsverfahren.

50 G. v. 18.11.2020 (BGBl. I 2397). Die Bundesregierung hatte damals eine Vorlage für ein Gesetz in den Bundesrat eingebracht, welches keine Änderungen an den Rechtsgrundlagen der Länder vorsah (BR-Drs. 645/20 vom 29.10.2020). Parallel hatte Bundestagspräsident Schäuble prominent eine Demokratisierung der Epidemiebekämpfung gefordert, Deutscher Bundestag (Online-Dienste), *Schäuble*: Rolle als Gesetzgeber in der Pandemiebekämpfung deutlich machen (20.10.2020), https://www.bundestag.de/dokumente/textarchiv/2020/kw43-parlamentsbeteiligung-corona-800010, mit Anlage einer Ausarbeitung des wissenschaftlichen Dienstes.

51 Anschaulich zur Unbestimmtheit schon im Gesetzgebungsverfahren *Kießling*, Stellungnahme als geladene Einzelsachverständige für die öffentliche

festzuschreiben. Ein solches Erzwingen von Rechtsänderungen ließ sich auch beobachten, als das Bundesverfassungsgericht die Bundesregierung im Frühjahr 2021 zum Erlass der Schutzmaßnahmen-Ausnahmenverordnung drängte.[52]

Auch politische Logiken prägten die Geschwindigkeit der Gesetzgebungsverfahren: Im März 2021 bewirkte die Alpha-Variante des Coronavirus neue Inzidenzrekorde und viele Todesfälle. Gleichzeitig scheiterte die informelle Koordination zwischen Bund und Ländern an der Vereinbarung und Ankündigung einer „Osterruhe", für die jede Rechtsgrundlage fehlte. Bundeskanzlerin Angela Merkel (CDU) übernahm die politische Verantwortung im Bundestag und im Fernsehen. Es entstand politischer Handlungsdruck auf die Bundespolitik angesichts der dynamischen pandemischen Situation, der in der Bundesnotbremse mündete.[53] Für das anschließende formalisierte Gesetzgebungsverfahren zur Änderung des Infektionsschutzgesetzes blieben dann nur neun Tage.[54]

Schlechte Gesetze, äußere Umstände und der Pandemieverlauf machten immer wieder Gesetzesänderungen politisch notwendig. Die Verfahren zur Änderung des Infektionsschutzgesetzes mussten dann als Reaktion in kürzester Zeit durchgeführt werden.

2. Befristung als Grund für die Beschleunigung?

In diesen Situationen schrieben die Gesetzgebungsorgane wiederholt Befristungen in das Infektionsschutzgesetz, um parlamentarische Einflussnahme sowie Evaluation sicherzustellen.[55] Haben diese Befristungen ebenfalls zu einer Beschleunigung der Gesetzgebungsverfahren beigetragen? Ein Blick auf die

---

Anhörung im Gesundheitsausschuss des Deutschen Bundestages am 12.11.2020, BT-Ausschussdrs. 19(14)246(7), S. 4–6.

52 *Rath*, Wenige Wochen Ungleichheit, LTO vom 07.05.2021.

53 G. v. 22.04.2021 (BGBl. I 802).

54 Einbringung des G. durch BT-Drs. 19/28444 v. 13.04.2021 in das verfassungsrechtlich formalisierte Gesetzgebungsverfahren, Ausfertigung des G. und Verkündung im BGBl. am 22.04.2021 (BGBl. I 802).

55 Für eine Befristung spricht die Proceduralisierung des Grundrechtsschutzes, vgl. nur *Mangold*, Relationale Freiheit, VVDStRL 80 (2021), S. 7 (20). Dagegen aber *Evaluationskommission nach § 5 Abs. 9 IfSG*, Evaluation der Rechtsgrundlagen im Infektionsschutzgesetz (01.06.2022), S. 111, unter Hinweis auf die Planungssicherheit für die Länder, kritisch für Österreich *Stöger*, Das Medizinrecht nach der COVID-19-Pandemie, IERM Working Paper Nr. 10 (2022), S. 11.

Zahlen: Insgesamt sind sechs Befristungsstichtage[56] auszumachen, die sämtlich spätere Phasen der Pandemie betrafen. Im Zusammenhang mit Stichtagen haben vier Gesetzgebungsverfahren stattgefunden.[57]

Diese vier Verfahren im Kontext der Befristungsstichtage waren im Schnitt 36 Tage im formalisierten Verfahren; das schnellste dauerte acht Tage,[58] das längste zweieinhalb Monate.[59] Eine außergewöhnliche Schnelligkeit dieser Verfahren im Kontext von Befristungen im Vergleich zu den anderen Gesetzgebungsverfahren zur Weiterentwicklung des Infektionsschutzrechts in der Pandemie ist nicht zu konstatieren. Untersucht man die einzelnen Gesetzesänderungen, wird aber deutlich: Alle Änderungen dienten der Weiterentwicklung der befristeten Rechtsgrundlagen zur Epidemiebekämpfung.

Die quantitative empirische Betrachtung der Dauer der Gesetzgebungsverfahren als Indikator für Beschleunigung gelangt hier an ihre Grenzen: Kurzfristige

---

56 31.03.2021: Vgl. § 5 Abs. 4 IfSG i. d. F. d. Bevölkerungsschutzgesetzes v. 27.03.2020 (BGBl. I 587) und § 36 Abs. 12 IfSG i. d. F. d. 3. Bevölkerungsschutzgesetzes vom 18.11.2020 (BGBl. I 2397); 04.06.2021: Vgl. § 5 Abs. 1 S. 3 IfSG i. d. F. d. G. v. 29.03.2021 (BGBl. I 370) und das Ende der Feststellungswirkung des Beschlusses des Deutschen Bundestages zum Bestehen einer Epidemischen Lage von nationaler Tragweite vom 04.03.2021 (BGBl. I 397); 30.06.2021: § 28b Abs. 10 S. 2 IfSG i. d. F. d. G. v. 22.04.2021 (BGBl. I 802) = Ende der „Bundesnotbremse"; 11.09.2021 Ende der Feststellungswirkung des Beschlusses des Deutschen Bundestages zum Bestehen einer Epidemischen Lage von nationaler Tragweite vom 11.06.2021 (BGBl. I 1824). – nicht mehr relevant ab dem 25.08.2021 durch den Beschluss vom 25.08.2021; 25.11.2021: Ende der Feststellungswirkung des Beschlusses des Deutschen Bundestages zum Bestehen einer Epidemischen Lage von nationaler Tragweite vom 25.08.2021 (BGBl. I 4072); 19.03.2022: § 28a Abs. 10 IfSG und § 28b Abs. 7 i. d. F. d. G. v. 22.11.2021 (BGBl. I 4906); 31.03.2022: § 5 Abs. 4 IfSG i. d. F. d. G. v. 10.12.2021 (BGBl. I 5162); 23.09.2022: § 28a Abs. 10 und § 36 Abs. 3 IfSG i. d. F. d. G. v. 18.03.2022 (BGBl. I 466). Eine Befristung der einrichtungsbezogenen Impfpflicht besteht darüber hinaus bis zum 31.12.2022, vgl. *Amhaouach/Kießling*, § 20b, in: Kießling (Hrsg.), IfSG (3. Aufl. 2022), Rn. 31.

57 Das betrifft das G. v. 29.03.2021 (BGBl. I 370) – Gesetzgebungsinitiative durch BT-Drs. 19/26545 vom 09.02.2021, die G. v. 22.11.2021 (BGBl. I 4906), – Gesetzgebungsinitiative durch BT-Drs. 20/15 vom 08.11.2021., das G. v. 18.3.2022 (BGBl. I 466) – Gesetzgebungsinitiative durch BT-Drs. 20/958 vom 10.03.2022., und das G. v. 16.09.2022 (BGBl. I 1454) – Gesetzgebungsinitiative durch BT-Drs. 20/2573 v. 05.07.2022.

58 G. v. 18.03.2022 (BGBl. I 466) – Gesetzgebungsinitiative durch BT-Drs. 20/958 vom 10.03.2022.

59 G. v. 29.03.2021 (BGBl. I 370) – Gesetzgebungsinitiative durch BT-Drs. 19/26545 vom 09.02.2021.

24.03.2020 BevSchG   13.05.2020 2. BevSchG   14. November 2020 3. BevSchG

Erste Welle   Zweite Welle

01.01.2020   Apr 2020   Jul 2020   Okt 2020   31.12.2020

CoronaSteuerhilfeG 19.06.2020   SonderzahlungsG 21.12.2020

29.03.2021 EpdLgFortgG 31.03.2021 Befristung   22.04.2021 4. BevSchG   04.06.2021 Befristung   30.06.2021 Befristung   10.09.2021 AufbauhilfeG   22.11.2021 G. EndEpdLg 25.11.2021 Befristung

Zweite Welle   Dritte Welle "Alpha"   Vierte Welle "Omikron"

01.01.2021   Apr 2021   Jul 2021   Okt 2021   31.12.2021

GerVollzSchutzG 2. IfSchÄG   StiftungsRG

18.03.2022 IfSGÄG 19.03.2022 Befristung   07.05.2021   28.05.2021   16.07.2021   16.09.2022 SchG Covid-19 23.09.2022 Befristung   BeruflImpfPflG 10.12.2021

Phaseneinteilung beim RKI noch nicht verfügbar

01.01.2022   Apr 2022   Jul 2022   Okt 2022   31.12.2022

SozialdienstleistG 18.03.2022   IfSG-ÄndG 18.10.2022

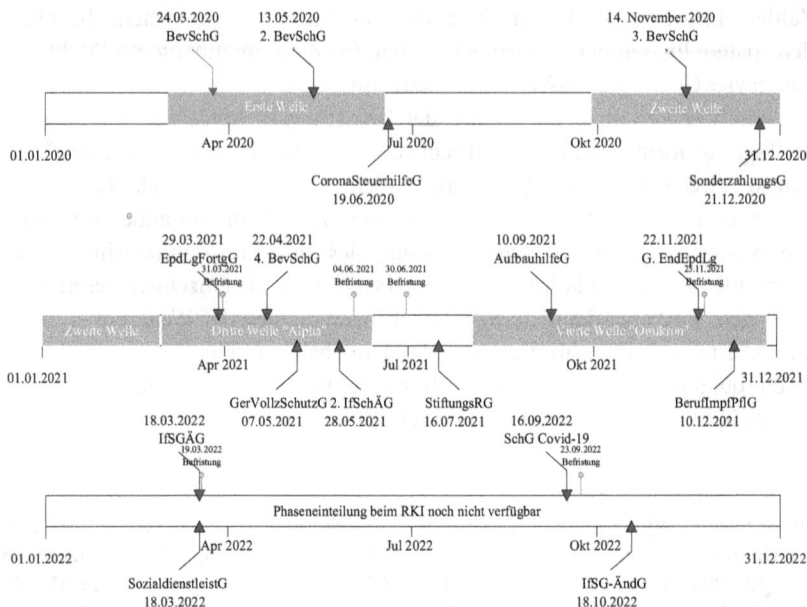

Abbildung 2: Eigene Darstellung, Phaseneinteilung nach dem RKI

Änderungen im Ausschuss – Stichwort Omnibusverfahren – wie im Herbst 2022 praktiziert tragen zwar zur Beschleunigung der Gesetzgebungsverfahren bei. Sie werden aber bei der Betrachtung der Dauer der Gesetzgebungsverfahren nicht sichtbar.[60] Auch gibt es keine Vergleichsgruppe: Es lässt sich schlicht nicht ermitteln, mit welcher Geschwindigkeit die Verfahren ohne Befristung der Rechtsgrundlagen abgelaufen wären.[61]

Eine Befristung kann die Beschleunigung eines Gesetzgebungsverfahrens ohnehin nicht allein verursachen. Erkennen lässt sich aber an den Verfahren zur Änderung des Infektionsschutzgesetzes im Herbst 2021 und im Frühjahr 2022, dass die Aufnahme von Befristungen in ein Gesetz demjenigen Organ, welches

---

60   Vgl. Initiative durch BT-Drs. 20/2573 (Initiative, 05.07.2022) und Beschlussempfehlung des Gesundheitsausschusses in BT-Drs. 20/3312 (weitreichende Änderungen, 06.09.2022) sowie Kritik bei *Kießling*, Stellungnahme als geladene Einzelsachverständige am 29.08.2022, BT-Drs. 20(14)48(34).

61   Anzunehmen ist jedoch, dass die Verfahren überhaupt nicht stattgefunden hätten, da sie erst durch die Befristung notwendig wurden.

das formalisierte Verfahren bestimmt, das Potential bietet, den politischen Druck auf andere Verfahrensbeteiligte zu erhöhen. Je kürzer der Abstand zum Stichtag, desto höher der politische Handlungsdruck und desto stärker die Alternativlosigkeit. Eine frühzeitige Gesetzesinitiative gibt den Gesetzgebungsorganen hingegen Zeit für Beratungen im verfassungsrechtlich formalisierten Verfahren und der Öffentlichkeit Raum für Einflussnahme im demokratischen Prozess.[62]

3. Verlagerung in informelle Verfahren

Ein anderer Grund für die Beschleunigung der Gesetzgebungsverfahren ist die Verlagerung der Willensbildung in informelle Verfahren. Exemplarisch deutlich wird dies am Verfahren zur Bundesnotbremse: Zu Beginn des formalisierten Gesetzgebungsverfahrens[63] lag das Scheitern der Osterruhe schon drei Wochen zurück.[64] In der Zeit vor Beginn des formalisierten Gesetzgebungsverfahrens stimmte die Bundesregierung die hochumstrittene Frage der Pandemiebekämpfung durch den Bund innerhalb der Bundesregierung und mit den Regierungsfraktionen ab, bezog die opponierenden Landesregierungen aufgrund ihrer Bundesratsbeteiligung mit ein und entwarf ein Regelungskonzept. Mit dem Beginn des formalisierten Verfahrens waren die wesentlichen Fragen im informellen Verfahren bereits politisch geklärt, sodass die notwendigen Beschlüsse im formalisierten Verfahren innerhalb kürzester Zeit getroffen werden konnten.[65]

IV. Fazit: Eine schnelle Pandemiegesetzgebung

Die Gesetzgebungsverfahren zur Änderung des Infektionsschutzgesetzes sind in der Pandemie mit hoher Geschwindigkeit durchgeführt worden, dies zeigen die quantitative empirische Untersuchung der Verfahrensdauer und ein Blick auf die Omnibusverfahren. Erklären lässt sich die Beschleunigung der Gesetzgebungsverfahren in der Pandemie erstens mit der Reaktivität der Gesetzgebung auf die jeweilige pandemische Situation und zweitens mit der geräuschlosen Entscheidungsfindung in informellen Verfahren. Diese Praktiken waren auch

---

62 Zur verfassungsrechtlichen Bedeutung im Zusammenhang mit dem Grundsatz der Parlamentsöffentlichkeit in Art. 42 Abs. 1 S. 1 GG nun BVerfG, Beschl. v. 24.01.2023, 2 BvF 2/18 – Parteienfinanzierung (Absolute Obergrenze), Rn. 94.
63 BT-Drs. 19/28444 vom 13.04.2021.
64 Videokonferenz der Bundeskanzlerin mit den Regierungschefinnen und Regierungschefs der Länder am 22. März 2021.
65 Wenngleich Änderungen durch den Ausschuss erfolgten, BT-Drs. 19/28692.

schon vor der Pandemie zu beobachten.[66] Die Bedeutung von Befristungen ist in der Gesamtbetrachtung hingegen gering. Festzuhalten bleibt, dass die Beschleunigung der Gesetzgebungsverfahren in der Krise kein Naturgesetz ist, sondern stets Folge politischer Entscheidungen in den Gesetzgebungsorganen.

C. Die koordinierende Rolle der Bundesregierung in den Gesetzgebungsverfahren in der Pandemie

In den Gesetzgebungsverfahren zur Änderung des Infektionsschutzgesetzes in der Pandemie ist die koordinierende Rolle der Bundesregierung im informellen Gesetzgebungsverfahren in der Pandemie besonders sichtbar geworden. Am verfassungsrechtlich formalisierten Verfahren ist die Bundesregierung hauptsächlich durch ihr Initiativrecht und durch Anhörungsrechte im Bundestag und Bundesrat beteiligt und sie zeichnet die Gesetzesausfertigung des Bundespräsidenten gegen.[67]

I. Die Praxis der Formulierungshilfen

Von ihrem verfassungsrechtlich formalisierten Initiativrecht hat die Bundesregierung in der Pandemie zur Änderung des Infektionsschutzgesetzes praktisch keinen Gebrauch gemacht.[68] Dies weicht von der Staatspraxis ab: In der vergangenen 19. Legislaturperiode brachte die Bundesregierung durchschnittlich acht von zehn der erfolgreichen Gesetzgebungsverfahren in das verfassungsrechtlich formalisierte Verfahren ein.[69]

---

66 Vgl. schon *Lehmbruch*, Parteienwettbewerb im Bundesstaat (3. Aufl. 2000), S. 55–58.
67 Hinzu tritt die Möglichkeit den Vermittlungsausschuss anzurufen, vgl. Art. 77 Abs. 2 S. 4 GG.
68 Die Bundesregierung hat aber Vorlagen eingebracht, die später im Wege des klassischen Omnibusverfahrens durch den Deutschen Bundestag um Änderungen des IfSG ergänzt wurden. Vgl. das G. v. 21.12.2020 (BGBl. I 3136), eingebracht durch BR-Drs. 675/20; G. v. 07.05.2021 (BGBl. I 850), eingebracht durch BR-Drs. 62/21; G. v. 16.07.2021 (BGBl. I 2947), eingebracht durch BR-Drs. 143/21; G. v. 13.10.2022 (BGBl. II 539), eingebracht durch BR-Drs. 333/22. Vgl. darüber hinaus die vom 3. Bevölkerungsschutzgesetz überholte Initiative der Bundesregierung in BR-Drs. 645/20.
69 81 %, vgl. Datenhandbuch des Deutschen Bundestages, Kap. 10.1 (Stand 20.05.2022, https://www.bundestag.de/resource/blob/196202/27bc35b7edaf56e844a91b7ef0529 30f/Kapitel_10_01_Statistik_zur_Gesetzgebung-data.pdf).

In der Pandemie sind die Gesetzesvorlagen sowohl unter der Großen Koalition aus CDU/CSU und SPD bis September 2021 als auch später durch die Ampelkoalition aus SPD, BÜNDNIS 90/DIE GRÜNEN und FPD durch die Koalitionsfraktionen in den deutschen Bundestag eingebracht worden. Diese waren stets identisch mit einer kurz zuvor verabschiedeten sogenannten Formulierungshilfe der Bundesregierung.[70] Die Übernahme der Formulierungshilfen durch die Regierungsfraktionen bezweckt eine Zeitersparnis:[71] Während eine Regierungsvorlage zunächst dem Bundesrat zuzuleiten ist,[72] kann der Bundestag über eigene Vorlagen umgehend beraten.

Ein Blick auf die Statistik zeigt, dass diese Praxis der Formulierungshilfen weder neu noch außergewöhnlich ist: Von den 97 erfolgreichen Gesetzesvorlagen aus der Mitte des Deutschen Bundestages in der vergangenen 19. Legislaturperiode ist der überwiegende Teil von den Regierungsfraktionen eingebracht worden, in der Regel auf der Grundlage von Formulierungshilfen. Zwar wird diese Praxis als „Umgehung" des Bundesrates kritisiert. Doch steht es unzweifelhaft in der Freiheit der Abgeordneten, sich bei der Einbringung von Gesetzen der Vorarbeit der Regierung zu bedienen.[73] Deutlich wird aber: Die inhaltliche Vorbereitung der Gesetze oblag auch in der Pandemie der Bundesregierung.

II. Die Beratung des Bundestages durch die Bundesregierung

Mit der inhaltlichen Vorbereitung verbunden ist eine beratende[74] Funktion der Bundesregierung. Sie unterstützt die Abgeordneten bei der Formulierung

---

70 Vgl. zur Praxis *Lorz/Richterich*, § 35 Regierung im Parlament, in: Morlok/Schliesky/Wiefelspütz (Hrsg.), Parlamentsrecht (2016), Rn. 39.

71 *Schürmann*, Die Umgehung des Bundesrates im sog. „Ersten Durchgang" einer Gesetzesvorlage, AöR 115 (1990), S. 45 (47 f.) mit Hinweis auf Vorläufer unter der WRV. Zu den rechtlichen Rahmenbedingungen umfassend *Kersten*, in: Dürig/Herzog/Scholz, GG (86. Erg.-Lfg. Januar 2019), Rn. 113. In den 1970er Jahren sogar für eine verfassungsrechtliche Pflicht zur Hilfe der Regierung (auch gegenüber der parlamentarischen Opposition) *Schenke*, Verfassungsorgantreue (1977), S. 109 f.

72 Art. 76 Abs. 2 S. 2 GG.

73 Zur rechtswissenschaftlichen Kritik vgl. nur die Darstellung bei *Kersten*, in: Dürig/Herzog/Scholz, GG (86. Erg.-Lfg. Januar 2019), Rn. 113. Knapp auch *Lorz/Richterich*, § 35 Regierung im Parlament, in: Morlok/Schliesky/Wiefelspütz (Hrsg.), Parlamentsrecht (2016), Rn. 39.

74 Auch die Bundestagsverwaltung berät die Bundestagsfraktionen in sprachlichen Fragen. Nach § 80a der Geschäftsordnung des Bundestages ist ein Redaktionsstab bei der Bundestagsverwaltung einzurichten. Im Organisationsplan der Verwaltung des

von Änderungsanträgen informell.[75] Die Abgeordneten haben nur begrenzt die Möglichkeit, Gesetzgebungsvorlagen und Änderungsanträge zu erarbeiten. Besonders deutlich wurde dies im Frühherbst 2021.[76]

Die Bekämpfungsmaßnahmen der Länder mussten sich damals an der Inzidenz ausrichten.[77] Aufgrund der fortgeschrittenen Immunisierung wollten die Regierungsfraktionen die Maßnahmen nun an eine Hospitalisierungsrate knüpfen.[78] Statt einen entsprechenden Antrag zur Änderung des Infektionsschutzgesetzes einzubringen, forderten die Regierungsfraktionen per Bundestagsbeschluss die Bundesregierung auf, „einen Vorschlag" vorzulegen.[79] Sie sahen sich nicht in der Lage, selbst einen Vorschlag zu erarbeiten oder ihn politisch zu koordinieren.

Rein rechtstechnisch[80] schien das Problem einfach zu lösen zu sein: Die Inzidenz in § 28a Abs. 3 IfSG musste durch eine Hospitalisierungsrate ersetzt werden. Damit verbunden war aber auch eine Einschätzung der Leistungsfähigkeit des Gesundheitssystems sowie der Gefährlichkeit des Virus und seiner Varianten. Für eine solche komplexe Lagebeurteilung riefen die Regierungsfraktionen die Bundesregierung öffentlich um Hilfe.

Deutschen Bundestages vom 07.04.2022 (https://www.bundestag.de/resource/blob/189 334/75ff3f4aa32d4e5ee600ce50273430c7/orgplan-de-data.pdf) ist ein solcher Redaktionsstab nicht ausdrücklich aufgeführt. Der Redaktionsstab scheint eher ein Schattendasein zu führen und ist in der Pandemie nicht öffentlich hervorgetreten, vgl. die sehr allgemeine Kommentierung in *Ritzel/Bücker/Schreiner/Winkelmann* (Hrsg.), Handbuch für die Parlamentarische Praxis, § 80a (27. Erg.-Lfg. September 2010).

75 Dafür gibt es sogar in der Gemeinsamen Geschäftsordnung der Bundesministerien eine rechtliche Regelung in § 52 Abs. 2 GGO. Danach ist das jeweilige Bundesministerium zur Benachrichtigung des Bundeskanzleramtes und anderer beteiligter Ministerien verpflichtet, soweit die Unterstützungsleistung inhaltlich von der Position der Bundesregierung abweicht.

76 BT-Drs. 19/32091. Zum damaligen Gesetzgebungsverfahren ausführlich *Gallon*, Wie sich das Parlament in der Pandemie mal wieder selbst aus dem Spiel nimmt, Verfassungsblog (03.09.2021).

77 § 28a Abs. 3 IfSG i. d. F. d. 3. Bevölkerungsschutzgesetzes vom 18.11.2020 (BGBl. I 2397). Zur Verpflichtung *Gallon*, Schutzverpflichtungen aus dem Infektionsschutzgesetz, Verfassungsblog (18.03.2021).

78 BT-Drs. 19/32091, S. 3.

79 BT-Drs. 19/32091, S. 3.

80 Darauf beschränkt sich meine retrospektiv zu scharf geratene Kritik in *Gallon*, Wie sich das Parlament in der Pandemie mal wieder selbst aus dem Spiel nimmt, Verfassungsblog (03.09.2021).

III. Bundestag und Bundesregierung: Die Zusammenarbeit im parlamentarischen Regierungssystem

Dies ist bemerkenswert, denn die Zusammenarbeit von Bundesregierung und Regierungsfraktionen im parlamentarischen Regierungssystem findet in der Regel im Informellen statt[81] und wird gerade nicht nach außen sichtbar. Über die Gründe für diese öffentliche Aufforderung lässt sich trefflich spekulieren; jedenfalls bereitete die Bundesregierung zur Änderung des Maßstabes in § 28a Abs. 3 IfSG kurz nach der Aufforderung des Bundestages eine entsprechende Formulierungshilfe vor, die umgehend von den Regierungsfraktionen in das verfassungsrechtlich formalisierte Verfahren eingebracht wurde. Die Pandemie zeigt hier: Die Regierungsfraktionen sind bei der Ausarbeitung von Gesetzesvorlagen auf die Unterstützung der Regierung angewiesen.

Gleichzeitig kann die Bundesregierung im Gesetzgebungsverfahren nicht „durchregieren".[82] So sorgten die Regierungs- und Oppositionsfraktionen im Vorlauf des ersten formalisierten Gesetzgebungsverfahrens in der Pandemie dafür, dass der Bundestag und nicht ein Bundesminister die epidemische Lage von nationaler Tragweite feststellt.[83] Die vielfältigen Änderungsanträge des Gesundheitsausschusses dienten nicht nur der Einbringung kurzfristiger Änderungen aus der Feder der Bundesregierung, sondern setzten auch sachverständige[84] und parlamentarische Kritik um.

---

81 *Meinel*, Vertrauensfrage (Sonderausgabe bpb 2019), S. 22; vgl. auch *Lorz/Richterich*, § 35 Regierung im Parlament, in: Morlok/Schliesky/Wiefelspütz (Hrsg.), Parlamentsrecht (2016), Rn. 39.

82 Vgl. aber insofern überschießend in der politikwissenschaftlichen Gesamtbetrachtung *Höhne*, Die Landesparlamente im Zeichen der Emergency Politics in der Corona-Krise, Z Politikwiss (2022), S. 8.

83 Anschaulich die Darstellung der politischen Koordination des ersten Gesetzgebungsverfahrens, auch unter Einbeziehung der Opposition bei *Siefken/Hünermund*, Der Bundestag in der Corona-Krise, der moderne staat 14 (2/2021), S. 1–19.

84 Z. B. kritisierten Sachverständige im Gesetzgebungsverfahren des Gesetzes zum Schutz der Bevölkerung bei einer epidemischen Lage von nationaler Tragweite („Bundesnotbremse") den in der Vorlage (BT-Drs. 19/28444) enthaltenen Mechanismus, nach dem die Bundesnotbremse bei Übertreten eines Grenzwertes unmittelbar im Gebiet eines Landkreises ohne weiteren Bekanntgabeakt gelten solle, vgl. *Kießling*, BT-Ausschussdrs. 19(14)323(6), S. 6 und *Kingreen*, BT-Ausschussdrs. 19(14)323(19), S. 10. Der federführende Gesundheitsausschuss (BT-Drs. 19/28692) empfahl daraufhin die Änderung der Vorlage und die Einführung einer Bekanntgabe, die jedoch nur deklaratorische, keine konstitutive Wirkung haben sollte. Diese wurde Gesetz: § 28b Abs. 1 S. 3 IfSG i. d. F. d. G. v. 22.04.2021 (BGBl. I 802).

IV. Die Koordinierung der Gesetzgebungsorgane des Bundes mit den Ländern

Besonders gezeigt hat sich in der Pandemie noch eine weitere Funktion der Bundesregierung: Sie koordiniert die Gesetzgebung informell mit den Bundesländern. Die Abstimmung der Bundesregierung mit den Landesregierungen findet in der Bund-Länder-Koordination statt, für die sich während der Pandemie die Bezeichnung „Ministerpräsidentenkonferenz"[85] eingebürgert hat.[86] Die Bund-Länder Koordination ist nicht neu, sondern besteht als informelle Praxis schon seit Anfang der Bundesrepublik.[87] Die Zusammenkünfte in der Pandemie fanden auf Einladung des Bundeskanzleramtes statt.[88] Neben der Bundeskanzlerin, später dem Bundeskanzler, und den Regierungschefinnen und -chefs der Länder nahmen weitere Vertreter*innen von Bund und Ländern teil.[89] Die Spitzen der Regierungsfraktionen wurden hingegen nicht beteiligt.

Gegenstand der Konferenzen war vor allem die Ausführung des Infektionsschutzgesetzes durch die Landesregierungen. Sie gingen aber auch darüber

---

85 „Ministerpräsidentenkonferenz" bezeichnete in der Staatspraxis der Bundesrepublik Deutschland die politische (informelle) Koordination der Ministerpräsident*innen (ohne Beteiligung der Bundesregierung). Gebildet wurden darüber hinaus „Fachministerkonferenzen". Zum Ganzen die Übersicht bei *Hegele/Behnke*, Die Landesministerkonferenzen und der Bund, Politische Vierteljahresschrift 54 (2013), S. 21 (22–25) und *Scherer*, Zusammenarbeit im Bundesstaat seit 1871 (2009), S. 101–132. Speziell zur Bund-Länder-Koordination der Regierungschef*innen *Kropp*, Kooperativer Föderalismus und Politikverflechtung (2010), S. 128 f.

86 Zur Geschichte der Ministerpräsidentenkonferenz in der Pandemie: *Behnke*, Deutschland. Föderales Krisenmanagement und die Rolle der Ministerpräsidentenkonferenz, in: EZFF (Hrsg.), Jahrbuch des Föderalismus 2021 (2021), S. 37–52. Einordnung der Koordination bei *Waldhoff*, Der Bundesstaat in der Pandemie, NJW 2021, S. 2772 (2774 f. Rn. 10–15); *Gallon*, Informeller Föderalismus statt öffentlicher Deliberation, Verfassungsblog (09.02.2021).

87 *Kropp*, Kooperativer Föderalismus und Politikverflechtung (2010), S. 125–127, 209 f.

88 Vgl. die Korrespondenz des Bundeskanzleramtes: https://fragdenstaat.de/dokumente/118046-bk/. Zum Verfahren nun aufschlussreich *Höhne*, Die Landesparlamente im Zeichen der Emergency Politics in der Corona-Krise, Z Politikwiss (2022), S. 8–10, 12.

89 Nicht beteiligt waren Vertreter*innen der Bundestagsfraktionen und der politischen Parteien. Protokoll (Einladung, Tagesordnung, Reordnung) sowie die Zusammensetzung wich von der bisherigen Organisation der Ministerpräsidentenkonferenzen und der Bund-Länder-Zusammenkünfte ab, vgl. *Behnke*, Deutschland: Föderales Krisenmanagement und die Rolle der Ministerpräsidentenkonferenz, in: EZFF (Hrsg.), Jahrbuch des Föderalismus 2021 (2021), S. 37 (48).

hinaus: Zum Beispiel verabredete die noch geschäftsführende Altbundeskanzlerin Angela Merkel (CDU) mit den Landesregierungen im Dezember 2021, dass der Bund eine einrichtungsbezogene Impfpflicht „auf den Weg" bringen werde.[90] Eine Woche später, und zwei Tage nach Wahl von Olaf Scholz (SPD) am 08.12.2020 zum neuen Bundeskanzler durch die Abgeordneten der Ampelfraktionen, wurde die einrichtungsbezogene Impfpflicht gegen COVID-19 als Gesetz vom Bundestag[91] und Bundesrat[92] beschlossen, und noch am gleichen Tag ausgefertigt und verkündet.[93]

Die Bundesregierung steuert diese Koordination. Anders als etwa bei der gleichberechtigten Verhandlung völkerrechtlicher Verträge zwischen zwei Staaten hat sie als zentrales Organ des Verfahrens einen großen Gestaltungsspielraum. Abgestimmt wurden zwischen Bund und Ländern zunächst allgemeine politischen Ziele, die Ausgestaltung und Umsetzung im Detail lag dann in der Hand der Bundesregierung, die ihre Ergebnisse wiederum mit den unterschiedlichen Beteiligten absprach und über die Regierungsfraktionen in das formalisierte Verfahren einspeiste.

V. Fazit: Die Bundesregierung als zentrales Organ in der Pandemiegesetzgebung

Die Bundesregierung organisiert die Gesetzgebungsverfahren im Bund, nicht nur in der Pandemie. Sie ist zentrale Akteurin in den Gesetzgebungsverfahren.[94]

---

90 Videoschaltkonferenz der Bundeskanzlerin mit den Regierungschefinnen und Regierungschefs der Länder am 2. Dezember 2021, Nr. 16: „Der Bund wird eine einrichtungsbezogene Impfpflicht für Beschäftigte auf den Weg bringen, z. B. in Altenpflegeeinrichtungen und Krankenhäusern." Die Länder hatten bereits im November auf die Einführung ebendieser gedrängt, vgl. Videoschaltkonferenz der Bundeskanzlerin mit den Regierungschefinnen und Regierungschefs der Länder am 18. November 2021, Nr. 4 „Die Länder halten es für erforderlich, dass einrichtungsbezogen alle Mitarbeiterinnen und Mitarbeiter in Krankenhäusern und Einrichtungen der Eingliederungshilfe sowie in Alten- und Pflegeheimen und bei mobilen Pflegediensten bei Kontakt zu vulnerablen Personen verpflichtet werden, sich gegen das Coronavirus impfen zu lassen. Die Länder bitten den Bund, dies schnellstmöglich umzusetzen."
91 BT-Plenarprotokoll 20/7 (10.12.2021), S. 308–311. Vorgang im DIP des Bundestages: https://dip.bundestag.de/vorgang/gesetz-zur-st%C3%A4rkung-der-imp fpr%C3%A4vention-gegen-covid-19-und-zur-%C3%A4nderung/283063.
92 BRat-Plenarprotokoll 1013 (10.12.2021), S. 478.
93 G. v. 10.12.2021 (BGBl. I 5162).
94 Knapp *Kersten*, § 11 Parlamentarisches Regierungssystem, in: Herdegen/Masing/Poscher/Gärditz (Hrsg.), Handbuch des Verfassungsrechts (2021), Rn. 31, 59; *Lorz/*

Sie bereitet die Gesetze vor und unterstützt die anderen Organe im Gesetzgebungsverfahren. Ihre koordinierende Rolle ist in der Staatspraxis bedeutender,
als es die erste Betrachtung des Verfassungstextes und ein „von fiktiven Gewaltenteilungsmodellen beherrschtes Funktionenverständnis"[95] nahelegt. In der
Pandemie tritt das parlamentarische Regierungssystem des Grundgesetzes deutlich hervor, welches auf die Zusammenarbeit von Regierung und Regierungsfraktionen im Parlament angelegt ist[96] und diese, wie Florian Meinel bemerkt,
„in einer offenen institutionellen Synthese" ausgestaltet.[97]

D. Die „notarielle Funktion" des Bundesrates in den Gesetzgebungsverfahren des Bundes in der Pandemie

Im Gegensatz zur Bundesregierung hat der Bundesrat die formalisierten Gesetzgebungsverfahren in der Pandemie nicht geprägt.

I. Die Mitwirkung des Bundesrates an der Pandemiegesetzgebung

Vielmehr hat der Bundesrat entscheidend zur Schnelligkeit der formalisierten
Verfahren beigetragen. Um eine zügige Ausfertigung der Änderungsgesetze
zu ermöglichen, hielt er sechs Sondersitzungen ab,[98] drei Mal auf Antrag der
Bundesregierung nach Art. 52 Abs. 2 GG.[99] Der Bundesrat stimmte vierzehn

---

Richterich, § 35 Regierung im Parlament, in: Morlok/Schliesky/Wiefelspütz (Hrsg.),
  Parlamentsrecht (2016), Rn. 38. Vgl. auch die Empirie von 1980 bis 1983 mit weitergehenden Befunden („eigeninitiativ […] Hilfskraft der Ministerialbürokratie") bei
  Schulze-Fielitz, Theorie und Praxis parlamentarischer Gesetzgebung (1988), S. 285–292.
95 *Schulze-Fielitz*, Theorie und Praxis parlamentarischer Gesetzgebung (1988), S. 291.
96 *Meinel*, Vertrauensfrage (Sonderausgabe bpb 2019), S. 17–29, 46–53; *Lorz/Richterich*,
  § 35 Regierung im Parlament, in: Morlok/Schliesky/Wiefelspütz (Hrsg.), Parlamentsrecht (2016), Rn. 7.
97 *Meinel*, Vertrauensfrage (Sonderausgabe bpb 2019), S. 22.
98 Sondersitzungen des Bundesrates für Änderungen des Infektionsschutzgesetzes fanden am 27.03.2020 (988. Sitzung), 18.11.2020 (996. Sitzung) 22.04.2021 (1003. Sitzung), 19.11.2021 (1011. Sitzung), 10.12.2021 (1013. Sitzung) und 18.03.2022
  (1018. Sitzung) statt.
99 Das betrifft die Sitzungen vom 18.11.2020 (996. Sitzung), vom 22.04.2021 (1003. Sitzung) und vom 18.03.2022 (1018. Sitzung), vgl. https://fragdenstaat.de/a/258028. Die
  Bundesregierung hat darüber hinaus den Antrag auf Einberufung der Sitzung vom
  14.01.2022 (1015. Sitzung) gestellt, auf zwar nicht das IfSG, aber die Änderungen an
  der Schutzmaßnahmen-Ausnahmenverordnung Gegenstand der Tagesordnung waren.

Mal den Änderungen zu und verzichtete fünf Mal auf einen Antrag zur Anrufung des Vermittlungsausschusses,[100] trotz Kritik der Landesregierungen am Gesetzesbeschluss des Bundestags. Die Rolle des Bundesrates in der Pandemie lässt sich zugespitzt als „notariell" bezeichnen.

Als Beispiel eignet sich das gut dokumentierte Verfahren zur Bundesnotbremse: Einen Tag nach dem Bundestagsbeschluss hielt der Bundesrat eine Sondersitzung ab.[101] Er behandelte das Gesetz als Einspruchsgesetz.[102] Im in der Staatspraxis üblichen Verfahren muss ein Antrag auf Einberufung des Vermittlungsausschusses gestellt werden. Passiert dies nicht, stellt der Bundesratspräsident ohne Abstimmung fest, dass der Bundesrat den Vermittlungsausschuss nicht anruft. Der Bundespräsident kann das Gesetz dann bereits vor Ablauf der verfassungsrechtlichen Frist ausfertigen.

In der Sitzung des Bundesrats äußerten mehrere Ministerpräsidenten von CDU und SPD verfassungsrechtliche Zweifel an der Vereinbarkeit der Bundesnotbremse mit den Grundrechten und dem Föderalismus.[103] Darüber hinaus klagten die Länder über ihre unzureichende Beteiligung im Gesetzgebungsverfahren;[104] gemeint war dabei das informelle Verfahren der Bundesregierung zur Vorbereitung der Formulierungshilfe. Sie hoben damit die sonst übliche Einbindung der Landesregierungen in die informelle Praxis hervor. Rainer Haseloff (CDU) begründete die Nichteinbringung eines Antrages auf Anrufung des Vermittlungsausschusses durch Sachsen-Anhalt damit, dass ein entsprechender

---

100 Antrag nach Art. 77 Abs. 2 GG. Diese Beschlussform hat die Staatspraxis des Bundesrates geprägt. Sie dient dazu, die verfassungsrechtlichen Fristen des Gesetzgebungsverfahrens zu verkürzen. Verzichtet der Bundesrat bei einem Einspruchsgesetz auf die Anrufung des Vermittlungsausschusses, kommt das Gesetz schon vor Ablauf der verfassungsrechtlich garantierten Antragsfrist zustande. Vgl. *Masing/Risse*, in: von Mangoldt/Klein/Starck (Hrsg.), GG (7. Aufl. 2018), Art. 78 GG, Rn. 9, sowie *Risse/Wisser*, § 18 Die Gesetzesberatung im Bundesrat und seinen Ausschüssen, in: Kluth/Krings (Hrsg.), Gesetzgebung (2015), Rn. 80. Die rechtswissenschaftliche Aufarbeitung dieser Praxis ist ausgesprochen spärlich.
101 Beantragt durch die Bundesregierung, BRat-Plenarprotokoll 1003 (22.04.2021), S. 147.
102 Für eine Zustimmungspflichtigkeit aber *Grefrath*, Die „Bundesnotbremse" ist nicht zustande gekommen, Verfassungsblog (26.04.2021). Wohl auch *Waldhoff*, Der Bundesstaat in der Pandemie, NJW 2021, S. 2772 (2776 Rn. 24–27), und *Kingreen*, Verfassungsbeschwerde betreffend Vorschriften des 4. Bevölkerungsschutzgesetzes (26.04.2021) [für die Abgeordneten der FDP-Fraktion, JGa], S. 26–30. Entschieden in BVerfG, Beschl. v. 19.11.2021 – 1 BvR 971/21 u. a., Bundesnotbremse II, Rn. 88–106.
103 BRat-Plenarprotokoll 1003 (22.04.2021), S. 148.
104 BRat-Plenarprotokoll 1003 (22.04.2021), S. 148.

Antrag das Gesetz nur verzögern, aber nicht verbessern würde,[105] er sah keine Chance für einen Kompromiss im formalisierten Verfahren.[106]

Auch wenn die Kritik an der Bundesnotbremse in den Landesregierungen groß war, stellte doch kein Land einen Antrag auf Einberufung des Vermittlungsausschusses. Ohne Abstimmung passierte das Gesetz den Bundesrat. Die Landesregierungen verzichteten auf eine Gestaltung. Umgekehrt ermöglichten sie durch ihre Mitwirkung ein schnelles Inkrafttreten der Bundesnotbremse.

II. Gründe für die „notarielle" Mitwirkung des Bundesrates

Es lassen sich mehrere Gründe für diese lediglich notarielle Mitwirkung des Bundesrates identifizieren. Während der Bundestag eine Gesetzesvorlage selbst ändern kann, steht dies dem Bundesrat nicht offen. Haben die Landesregierungen Änderungsbedarf, bleibt ihnen nur der Gang in den Vermittlungsausschuss.[107] Diese verfassungsrechtlich formalisierte Kompromissfindung erhöht die Verfahrensdauer jedoch erheblich. Der Vermittlungsausschuss muss tagen, die Verhandlungsergebnisse müssen sodann in Bundestag und Bundesrat behandelt werden. Besonders in den Gesetzgebungsverfahren unter der „Ampelkoalition" im zweiten Winter der Pandemie 2021 blieb aufgrund der Befristungen schlicht keine Zeit, den Änderungsbedarf rechtzeitig durch Anrufung des Vermittlungsausschusses einzubringen, bevor gesetzliche Stichtage erreicht worden und die Rechtsgrundlagen für die Pandemiebekämpfung außer Kraft getreten wären.

Die politikwissenschaftliche Forschung zeigt darüber hinaus, dass der Bundesrat trotz gegenläufiger Konzeption[108] in seiner Praxis eher dem parteipolitischen Kompromiss als der Berücksichtigung der Länderinteressen dient.[109] In der letzten Legislaturperiode rief der Bundesrat den Vermittlungsausschuss nur

---

105 BRat-Plenarprotokoll 1003 (22.04.2021), S. 154 f.

106 So auch Bernd Buchholz (FDP, Wirtschaftsminister von Schleswig-Holstein): Sein Land werde keinen Antrag auf Einberufung stellen, um das Verfahren nicht zu verzögern, BRat-Plenarprotokoll 1003 (22.04.2021), S. 154 f.

107 Art. 77 Abs. 2 GG.

108 *Lehmbruch*, Parteienwettbewerb im Bundesstaat (3. Aufl. 2000), S. 77–82.

109 *von Beyme*, Das politische System der Bundesrepublik Deutschland (12. Aufl. 2017), S. 383–386; *Sturm*, Der deutsche Föderalismus (2015), S. 160 f.; *Rudizio*, Das politische System der Bundesrepublik Deutschland (10. Aufl. 2019), S. 264; *Lehmbruch*, Parteienwettbewerb im Bundesstaat (3. Aufl. 2000), S. 82; vgl. aber zur eigenständigen Interessenwahrnehmung der Landesregierungen knapp *Marschall*, Das politische System Deutschlands (4. Aufl. 2018), S. 228 f.

viermal an.[110] Dies erklärt sich auch aus dem Zwang zur einheitlichen Stimm-
abgabe im Bundesrat[111] und den Koalitionsvereinbarungen auf Länderebene.
Diese sehen eine Enthaltung im Bundesrat bei Uneinigkeit innerhalb einer
Landeskoalition vor. Sind die Koalitionäre in einem Land uneinig, kommt bei
Einspruchsgesetzen eine Mehrheit für den Vermittlungsausschuss deswegen oft
nicht zustande.

Andersherum muss aber bei Zustimmungsgesetzen eine Mehrheit in den
Landesregierungen organisiert werden. Deshalb ist es geübte Praxis, die Landesregierungen und die jeweiligen Koalitionsparteien frühzeitig im Prozess zu
beteiligen: je bunter die Regierungskoalitionen in den Ländern, desto größerer
ist der Koordinationsbedarf im Gesetzgebungsverfahren.

Diese Koordination findet im Informellen statt, außerhalb des verfassungsrechtlich formalisierten Verfahrens. Sie ist von außen nur schwer nachzuvoll-
ziehen. In der Pandemie war die Ministerpräsidentenkonferenz ausweislich der
veröffentlichten Beschlüsse nur selten Ort dieser Koordination der Inhalte der
Gesetzgebung.[112] Diese Vorabstimmung zwischen Bundesregierung und Landesregierungen muss vielmehr in anderen Verfahren stattgefunden haben.

III. Die Initiierung von Gesetzgebungsverfahren

Die Verlagerung der Beteiligung der Landesregierungen in informelle Verfahren
erklärt aber noch nicht die Initiativpraxis des Bundesrates in der Pandemie: Von
seinem Initiativrecht hat der Bundesrat in der Pandemie keinen Gebrauch
gemacht,[113] obwohl die Landesregierungen eigene, oft vom Bund abweichende

---

110 Bundesrat (Referat Z4 Dokumentation), Statistik der parlamentarischen Arbeit des
    Bundesrats (08.10.2021), Berichtszeitraum: 961.–1009. Sitzung (19. Wahlperiode des
    Bundestags), S. 2.
111 Art. 51 Abs. 3 S. 2 GG.
112 Wohl aber zur Koordination der Bekämpfung der Pandemie durch die Landesre-
    gierungen und die Bewältigung der wirtschaftlichen Folgen. Vgl. aber auch *Höhne*,
    Die Landesparlamente im Zeichen der Emergency Politics in der Corona-Krise, Z
    Politikwiss (2022), S. 8.
113 Nicht einmal ist ein entsprechender Antrag zur Einleitung eines Gesetzgebungs-
    verfahrens von einer Landesregierung in den Bundesrat eingebracht worden. Die
    Länder Bayern, Mecklenburg-Vorpommern und Thüringen haben am 28.10.2020 in
    BR-Drs. 640/20 einen Entschließungsantrag zur Konkretisierung der Rechtsgrund-
    lagen im Infektionsschutzgesetz gestellt. Dieser wurde am 06.11.2020 dem Gesund-
    heitsausschuss des Bundesrates überwiesen. Er hat sich wohl mit dem Gesetz vom
    18.11.2020 erledigt.

Interessen an Änderungen des Infektionsschutzgesetzes hatten. Hierfür gibt es zwei Erklärungen.

Erstens nutzten auch die Landesregierungen informelle Gremien wie die Bund-Länder-Zusammenkünfte oder die Ministerpräsidentenkonferenz und die Fachministerkonferenzen anstelle des Bundesrates, um ihre Interessen gegenüber den Gesetzgebungsorganen des Bundes zu artikulieren.[114]

Zweitens waren die politischen und personellen Ressourcen der Länder umfassend durch die Pandemiebekämpfung gebunden: Die personelle Expertise in den Landesgesundheitsministerien war mit den Bekämpfungsverordnungen ge- und vielfach überfordert. Dort blieb keine Zeit für konzeptionelle Arbeit an den gesetzlichen Grundlagen. In der Hochzeit der Pandemiebekämpfung waren auch die politischen Kapazitäten in den Landesregierungen mit der Abstimmung der Maßnahmen zwischen Bund und Ländern weitgehend ausgeschöpft und standen weder für die Organisation einer symbolischen Mehrheit im Bundesrat noch für die Organisation einer gesetzesändernden Mehrheit in Bundestag und Bundesrat zur Verfügung.

IV. Fazit: Der Bundesrat in der Pandemiegesetzgebung

Zum Bundesrat lässt sich demnach festhalten: Der Bundesrat trat in der Pandemie eher in notarieller Funktion auf. Seine Beteiligung am formalisierten Gesetzgebungsverfahren ist aber wichtig und keineswegs nur symbolisch. Die Mitwirkung der Landesregierungen in den informellen Verfahren wird durch die offizielle Beteiligung des Bundesrates an den formalisierten Verfahren sichergestellt.

E. Fazit

Die Gesetzgebungsverfahren in der Pandemie haben sich zwar beschleunigt, doch im verfassungsrechtlichen Rahmen stattgefunden. Gründe für die Beschleunigung der verfassungsrechtlich formalisierten Gesetzgebungsverfahren waren die Reaktivität der Gesetzgebung im Infektionsschutzrecht und die

---

114 So etwa vor Auslaufen der Epidemischen Lage von nationaler Tragweite im November 2021, als die Regierungschef*innen der Länder Rechtsgrundlagen unter anderem für „2G-" und „3G-" Regelungen forderten: Konferenz der Regierungschefinnen und Regierungschefs der Länder vom 20. bis 22. Oktober 2021 in Königswinter, Beschluss zur Epidemischen Lage (20.10.2021), www.land.nrw/sites/default/files/asset/document/beschluss_-_epidemische_lage.pdf.

Kompromissfindung in informellen Verfahren. Die schon länger praktizierte Entformalisierung des Gesetzgebungsverfahrens ermöglichte eine schnelle Krisenreaktion des Staates – ohne Ausnahmezustand.

In der Pandemie bestätigt sich: Die Bundesregierung ist zentrale Akteurin der Gesetzgebung. Sie übernimmt sowohl die rechtstechnische Gestaltung der Gesetze als auch die Vorbereitung politischer Kompromisse. Sie koordiniert das Verfahren, erarbeitet die Gesetze und berät die Gesetzgebungsorgane. Die Rolle der Bundesregierung geht dabei über ihre verfassungsrechtlich formalisierte Verfahrensbeteiligung hinaus. Die Bundesregierung hat diese Funktionen auch in der sonstigen Staatspraxis inne, ihre Rolle wird aber in der Pandemie besonders sichtbar und aufgrund der hohen Geschwindigkeit der Verfahren besonders wichtig.

Zugleich wird deutlich: Die Macht der Bundesregierung ist auch in der Krise begrenzt. Denn sie ist auf Mehrheiten im Bundestag und im Bundesrat angewiesen. Insbesondere ist eine schnelle und krisenangepasste Gesetzgebung nur dann möglich, wenn alle Gesetzgebungsorgane – Bundestag, Bundesrat, Bundespräsident und Bundesregierung – koordiniert und einvernehmlich zusammenwirken. Ein „Durchregieren" eines Organs oder der Bundesregierung ist im verfassungsrechtlich formalisierten Verfahren des Grundgesetzes unmöglich. Die verfassungsrechtlichen Beteiligungs- und Kontrollrechte der vier Organe im Gesetzgebungsverfahren schützen vor Aushöhlung von Demokratie und Rechtstaatlichkeit, auch in der Krise.

Erkennbar wird in der Pandemie auch die Bedeutung informeller Verfahren für die Gesetzgebung. Diese informellen Verfahren sind kein neuartiges, pandemiespezifisches Phänomen, auch wenn es durch die öffentliche Aufmerksamkeit und die Geschwindigkeit der Verfahren in der Pandemie so wirkte. Hier liegt noch viel im Dunkeln. Es ist Aufgabe der Rechts- und Politikwissenschaft, die Staatspraxis der informellen Gesetzgebungsverfahren und ihre Folgen – zum Beispiel den Verlust von Transparenz und Partizipationsmöglichkeiten der demokratischen Öffentlichkeit – weiter zu beleuchten.

Die informellen Verfahren prägen die Bedeutung und Funktionsweise der formalisierten Verfahren. Andersherum lassen sich die informellen Verfahren und ihre „Schlagkraft" nur vor dem Hintergrund der formalisierten Verfahren verstehen. Ein kontextualisiertes Verständnis des Gesetzgebungsverfahrens unter dem Grundgesetz muss beides zusammendenken.